Bruno Caetano

MANUAL DO EMPREENDEDORISMO

74 DICAS PARA SER UM **EMPREENDEDOR DE SUCESSO**

Gente editora

Rua Pedro Soares de Almeida, 114, São Paulo, SP – CEP 05029-030
Telefone: (11) 3670-2500
Site: http://www.editoragente.com.br
E-mail: gente@editoragente.com.br

Coordenação geral: Saint'Clair de Vasconcelos
Projeto editorial e edição: Ana Lúcia G. Neiva
Arte: Dalton Flemming, Marcos G. Marcenari e Rodrigo Maragliano
Capa: Rodrigo Maragliano
Ilustração: Ratch's Portfolio / Shutterstock

Dados Internacionais de Catalogação na Publicação (CIP)
Angélica Ilacqua CRB-8/7057

Caetano, Bruno
Manual do empreendedorismo: 74 dicas para ser um empreendedor de sucesso / Bruno Caetano. - São Paulo: Editora Gente, 2014.

ISBN 978-85-7312-990-8

1. Empreendedorismo 2. Sucesso 3. Negócios 4. Administração I. Título

CDD 658.421

14-0698

Índices para catálogo sistemático:
1. Empreendedorismo 658.421

Quero dedicar este livro àqueles que realmente fazem
a diferença — os empreendedores — e ao meu pai,
comerciante de sapatos, que criou a nossa família
com o seu sonho empreendedor.

Sumário

Investimento 48

Dinheiro/Vendas 84

Funcionários 108

Clientes 126

Oportunidades 142

Cases 166

Agradecimentos

A realização deste livro não seria possível sem a ajuda, a parceria e a contribuição de pessoas especiais.

Não poderia deixar de mencionar aqueles que me inspiram diariamente, pessoas como Alencar Burti, José Serra e Geraldo Alckmin. Meus parceiros de Sebrae-SP Ivan Hussni e Pedro Jehá. Aos amigos Willian Sampaio, Luciana Marin e Eduardo Pugnali. Toda a equipe do Sebrae-SP, a qual agradeço por meio de Marcelle Carvalho, Daniel Lopes, Luiz Paro, Roberto Capisano e Pedro Corrêa.

Por fim, todo este trabalho requer tempo, dedicação e privação do tempo com a família, mas sempre tive ao meu lado minha esposa, Adriana Marchetti, me apoiando com paciência e incentivo, além, claro, dos meus pais e irmãos.

Obrigado a todos!

Prefácio

Por Caito Maia, presidente da Chilli Beans

Volta e meia, em algum evento, ou entrevista, ou até mesmo alguém da minha equipe me pergunta "Qual é o segredo do sucesso?". E volta e meia também a resposta que eu tenho para dar não é bem a esperada pelo interlocutor.

Não há nenhum segredo para chegar ao sucesso. O que há é trabalho árduo, investimento no negócio, comprometimento e conhecimento, com a pessoa se aprimorando como empreendedor, bem como trazendo profissionais que possam agregar em todas as áreas.

Não há nenhum glamour, é o bom e velho arroz e feijão. Eu me lembro, tempos atrás, quando tinha um ótimo capital para investir, valor que poderia tranquilamente usar para comprar uma loja num endereço badalado de São Paulo.

Mas muita reflexão depois, preferi investir num gestor financeiro, que pudesse agregar conhecimento e informação a meu negócio.

Naquela altura, podia-se pensar que era um passo atrás na expansão da marca, mas, olhando sob perspectiva, foi como construir um pilar, forte e sólido, para os anos desafiadores que teríamos pela frente.

E a informação e conhecimento vêm também de fontes as quais muitos empreendedores não dão a devida atenção. Anualmente,

Meu conselho para quem vai empreender é: mantenha olhos e ouvidos atentos, pois as ideias surgem de onde menos se espera.

visito metade dos pontos de venda da marca. Eu e uma equipe de diretores e gerentes vamos lá especialmente para ouvir quem está mais perto do cliente.

Com meus vendedores, já aprendi muito e apliquei várias ideias sugeridas no negócio, que ajudaram desde reduzir custos a alavancar as vendas.

Nessas visitas, por exemplo, chegamos à conclusão de que o produto só faz sentido se têm uma história para contar. Disso, surgiram as coleções temáticas, na qual cada óculos e relógio têm uma história, um algo a mais.

Meu conselho para quem vai empreender é: mantenha olhos e ouvidos atentos, pois as ideias surgem de onde menos se espera.

E também, é claro, um livro que orienta o empreendedor é sempre bem-vindo! Bruno Caetano, parabéns pela iniciativa.

Planejamento

1

Direitos e deveres do empreendedor individual

Cabeleireiro, encanador, mecânico, pedreiro, pintor, ambulante, dono de restaurante. Essas são algumas atividades que podem ser enquadradas como empreendedor individual - EI. São pessoas que trabalham por conta própria, faturam no máximo R$ 60 mil por ano, não são sócias ou titulares de outra empresa e podem ter até um empregado que receba salário-mínimo ou o piso da categoria.

Mas por que se formalizar? Afinal, você está na ativa, é dono do seu nariz e vai muito bem, obrigado. Não é bem assim. O EI tem direitos. E obrigações com as quais é importante ter atenção para justamente não perder os benefícios. Infelizmente, mais da metade dos empreendedores individuais formalizados não está em dia com as suas obrigações.

Vamos começar lembrando os direitos. O EI é coberto pela Previdência Social. Basta pagar mensalmente R$ 32,10, no caso de comércio ou indústria, ou R$ 36,10 se for prestador de serviço. O dinheiro vai para a Previdência e para ICMS ou ISS. O EI tem direito a receber aposentadoria por idade, salário-maternidade, auxílio-doença, pensão e auxílio-reclusão.

O EI é legalizado. Ele é inscrito no Cadastro Nacional de Pessoas Jurídicas - CNPJ, o que facilita abrir conta em banco e conseguir empréstimo.

O empreendedor individual tem direitos. E obrigações com as quais é importante ter atenção para justamente não perder os benefícios.

Quanto às obrigações, o recolhimento do valor mensal deve ser feito até o dia 20 nos bancos ou lotéricas por meio do DAS, obtido na internet. Também todo mês, até o dia 20, o EI deve preencher o Relatório Mensal das Receitas que obteve no mês anterior. Anualmente, ele também é obrigado a declarar quanto faturou no ano anterior (a chamada Dasn-Simei).

Tudo segue dentro do programado até que o EI, por algum motivo, perde o prazo do pagamento. Nesse caso, haverá multa de 0,33% por dia de atraso até o limite de 20% e juros de 1% no primeiro mês e depois calculados com base na Selic.

Atento aos cerca de 600 mil EIs de São Paulo, o Sebrae-SP coloca à disposição um programa de capacitação gratuito chamado Sebrae Empreendedor Individual - SEI. São seis cartilhas para ajudar na administração do negócio (SEI Empreender, SEI Planejar, SEI Vender, SEI Comprar, SEI Unir Forças, SEI Controlar meu dinheiro). Para solicitar a sua cartilha, ligue gratuitamente para o telefone 0800 570-0800.

Com o aprimoramento na gestão, o EI mantém seu negócio de "portas abertas" e aumenta o lucro. Portanto, mãos à obra.

2

Mapa para colocar o negócio no caminho certo

Sabe aquela famosa lista de resoluções de ano-novo, com metas, prioridades, sonhos? Pois então, empreendedor, é tempo de fazer isso com sua empresa. Elaborar ou atualizar o seu plano de negócio, um mapa para guiar o funcionamento da empresa.

O plano mostra as variáveis as quais o negócio está sujeito, como deve ser a preparação para enfrentar dificuldades e aproveitar oportunidades. Com esse roteiro você evita cometer erros porque não pensou em certo assunto.

O trabalho mostra onde a empresa está, aonde quer chegar e como pode atingir o objetivo. A notícia ruim é que a maioria das micro e pequenas empresas não faz esse planejamento.

Todo empreendimento tem riscos, mas muitos podem ser evitados com o plano de negócio. Nele consta o detalhamento de fatores internos e externos. Como exemplo de internos, podemos citar a rotina da empresa, quadro de funcionários, produto; como externos, tecnologia, concorrência ou comportamento do mercado.

O plano mostra se o negócio é viável, descreve aspectos como capital investido, atribuições de cada sócio, produtos e serviços oferecidos, mão de obra, custos, rentabilidade, processos operacionais, entre outros. Também cobre fornecedores, concorrentes, clientes

Com o plano, o empresário sabe se está conduzindo seu negócio da maneira certa, analisa pontos fortes e fracos e se são necessárias mudanças.

e serve como simulador para estratégias. Em resumo, o plano organiza todas as informações a fim de conhecer a fundo o empreendimento e o mercado.

Sua elaboração pode demorar. Mas com o plano o empresário sabe se está conduzindo seu negócio da maneira certa, analisa pontos fortes e fracos e se são necessárias mudanças. Os resultados vêm a médio e longo prazos, portanto, nada de imediatismo.

Em 2013, o Sebrae-SP lançou o Planeja Fácil (leia na Dica 5), uma ferramenta para definir objetivos e ações da empresa. Os interessados podem entrar em contato com o Sebrae-SP para mais detalhes.

Se você não fez um plano de negócio pode começar já, mesmo que sua empresa esteja no mercado há anos. Ele é a bússola para você não se perder. Afinal, para traçar um caminho, antes é preciso saber aonde se quer chegar.

3

Você está preparado para correr riscos?

Empreender é uma atividade que, como tantas outras, implica riscos. Quem abre um negócio obviamente almeja o sucesso, mas precisa se preparar para encarar o fracasso também. Ganhar ou perder é do jogo. A diferença está em planejar cada etapa, saber reduzir ao mínimo a possibilidade de as coisas darem errado, capacitar-se e só correr riscos calculados. Muitas vezes, o que vai contra é o ambiente empreendedor, pelo qual o Sebrae luta para melhorar.

Dados da administradora do Serviço Central de Proteção ao Crédito - SCPC, Boa Vista Serviços, mostram que o número de pedidos de falência no Brasil registrou queda de 6% no primeiro semestre de 2014 (jan-jun) ante o mesmo período de 2013.

As falências decretadas cresceram 5,9% no período. As micro e pequenas empresas - MPEs responderam por 82% dos pedidos de falência e 92% das falências decretadas no 1º semestre de 2014. Menores taxas de inadimplência vistas em 2013 levaram a essa melhora na solvência das empresas.

Toda falência é dramática e tem custo social. Empregos extintos, negociações desfeitas e investimentos perdidos são alguns impactos na economia. Para o empreendedor, quer dizer sonhos não realizados, frustrações, falta de perspectiva profissional e até problemas em família.

O importante é estar ciente dos limites, dar o passo possível, ter flexibilidade para assimilar a queda e se reerguer. Os obstáculos serão vencidos.

Segundo a pesquisa Doze Anos de Mortalidade das MPEs de São Paulo, do Sebrae-SP, por ano 84 mil empresas e 348 mil empregos desaparecem no Estado. Isso representa R$ 22,6 bilhões perdidos de faturamento. Soma-se R$ 1,7 bilhão em capital investido no sonho de montar um negócio, dinheiro vindo, em 83% dos casos, da poupança pessoal ou familiar do empreendedor. É o mesmo que ver mais de 1,3 milhão de carros populares ou cerca de 65 milhões de cestas básicas virarem pó.

Mas a quebra de uma empresa, por mais dolorosa que seja, não é o fim do mundo e deve servir de aprendizado. Se a ideia for voltar ao mercado, é hora de o empreendedor se qualificar, preparar cuidadosamente o retornopara pôr em prática uma melhor gestão.

O importante é estar ciente dos limites, dar o passo possível, ter flexibilidade para assimilar a queda e se reerguer. O caminho pode não ser fácil, mas com trabalho e dedicação os obstáculos serão vencidos.

Por fim, um exemplo para servir de motivação: mesmo tendo fundado a Apple, Steve Jobs foi demitido da empresa. Anos depois, foi chamado de volta e fez dela o sucesso que todos conhecemos.

4

Seja empresário e não dono do negócio

Você é dono do seu negócio ou é empresário? A pergunta pode parecer estranha à primeira vista, mas traz um conceito relativo à postura de quem se enquadra em uma ou noutra nomenclatura e, acredite, faz toda a diferença no dia a dia.

Podemos definir o dono do negócio como alguém conservador, com práticas antigas de gestão, muitas vezes prejudiciais ao desenvolvimento da empresa. Por ser centralizador – tudo tem de passar por seu crivo –, ele se envolve demais na parte operacional e deixa a estratégia em segundo plano. Frequentemente, esse comportamento está ligado à falta de estrutura da companhia. Não há gente suficiente para distribuir funções e, por necessidade, o dono do negócio simplesmente abraça tudo.

Já o empresário sabe delegar poderes. Ele deixa a parte operacional com os outros e se dedica a pensar a empresa como um todo. Ele usa o tempo para planejar estratégias que tragam mais resultados.

O dono do negócio busca clientes para seus produtos ou serviços. Já o empresário procura por produtos ou serviços novos para seus clientes e está sempre atrás de atualizações.

Não raro, o dono do negócio dirige uma empresa familiar, cujas contas se confundem com as pessoais, erro básico, mas comum.

O empresário sabe delegar poderes. Ele deixa a parte operacional com os outros e se dedica a pensar a empresa como um todo. Usa o tempo para planejar.

Outro agravante: ele não tem critério para contratar e recruta parentes ou pessoas indicadas que, muitas vezes, não reúnem condições técnicas de assumir o posto a elas designado.

Se ele seguisse o velho conselho de não contratar hoje ninguém que não pode demitir amanhã, certamente teria menos problemas. Imagine o transtorno de ver um filho, primo, irmão ou tio não dar conta do recado e não ter como dispensá-lo sem criar um incidente diplomático em casa.

Mas como o dono do negócio vira a mesa e se torna empresário? Com planejamento. Ele deve elaborar um plano com metas, ações de marketing, aprimoramento de processos, estudo das possibilidades financeiras e rearranjo da equipe. Ele parte da estrutura atual para gradativamente melhorar seu empreendimento.

Mas principalmente ele deve mudar sua atitude ao conduzir os negócios, ampliando a visão que tem sobre gestão. É aí que tudo começa.

5

Coloque sua empresa no mapa do planejamento

É comum ouvirmos alguém dizer que fulano tem tino comercial ou faro para os negócios. Existem pessoas que realmente nascem para ser empreendedoras: está "no sangue" montar empresas e prosperar.

Não há dúvida que talento é um componente importantíssimo para o sucesso em qualquer área. Mas não é nenhum segredo também que ele sozinho não resolve. Por trás de toda história de sucesso há muito trabalho e dedicação.

Volta e meia vemos empresários se queixarem que dão o máximo de si e o negócio não decola. Vários podem ser os motivos para não obterem os resultados desejados, porém frequentemente o problema está em um ponto fundamental. Mais uma vez entramos na questão do planejamento que, quando falho, contribui decisivamente para a mortalidade das micro e pequenas empresas - MPEs.

Planejar significa pensar em todas as variáveis do negócio antes de abrir as portas e mesmo depois de ele estar em funcionamento. Planejar é entender o mercado e construir uma base sólida de dados para a gestão. É a partir desse estudo que se pode tomar as melhores decisões.

Mas como tornar essa análise produtiva? Como saber se todos os aspectos foram contemplados? Como definir as ações para se atin-

Planejar significa pensar em todas as variáveis do negócio antes de abrir as portas e mesmo depois de ele estar em funcionamento.

gir as metas? É preciso ter um método que guie essa avaliação, um mapa confiável do planejamento. Com essa finalidade, o Sebrae-SP lançou o Planeja Fácil, um produto gratuito para dar apoio às MPEs.

Trata-se de um quadro dividido por colunas com todos os tópicos necessários para o diagnóstico do negócio. Em cada uma, o empresário reúne informações que permitirão estabelecer prioridades e objetivos, traçar planos, executá-los e fazer o acompanhamento para saber se tudo está como programado.

A nova ferramenta do Sebrae-SP, disponível também para *download* em seu portal, evita lacunas na elaboração de estratégias, deve ser usada regularmente e serve para todos os setores – indústria, serviços, comércio e agronegócios. Para cada objetivo, um plano de ação.

Com o Planeja Fácil, o empreendedor tem um roteiro completo do que deve fazer em sua empresa durante o ano todo. Afinal de contas, negócios e improviso não combinam. Planejamento é a matéria-prima do sucesso.

6

Empreender: oportunidade de negócio ou paixão?

Muitas pessoas com potencial empreendedor e que economizaram durante boa parte da vida procuram o Sebrae com a seguinte pergunta: "Penso em iniciar um negócio. Onde devo investir?".

É uma dúvida, aliás, bastante pertinente. As possibilidades são inúmeras: lanchonete, sorveteria, papelaria, açougue, floricultura, loja de roupas, bar e por aí vai.

Seja qual for o interesse, em todos os casos orientamos o candidato a empreendedor sobre tudo o que deve ser levado em conta na hora da escolha: aspectos envolvendo análises de viabilidade, estudos de mercado, avaliação da concorrência, percepção de tendências.

No entanto, existe mais um fator que à primeira vista pode parecer romântico, mas que é fundamental e deve ser considerado. Trata-se da paixão. Com o sonho de ser empresário, ela exerce um papel muito importante. Está longe de ser um critério científico ou racional, porém sua importância reside em alguns fatores.

A possibilidade de ser o seu patrão leva muitas pessoas com potencial empreendedor a investir num negócio próprio. Mas, após um tempo, descobrem que deixaram de trabalhar 40 horas para os outros e agora trabalham 80 horas para elas mesmas. E isso tudo sem férias, décimo terceiro e sem poder reclamar com o chefe. Se, ainda

A maneira como o empreendedor se relaciona e se identifica com o que escolheu está diretamente ligada ao sucesso do empreendimento.

por cima, o novo empreendedor não gostar do que faz e estiver ali apenas porque a atividade está aquecida, complica mais ainda.

Vale lembrar que o mercado é cíclico e atividades extremamente atrativas num dado momento podem deixar de sê-lo, como aconteceu com lan houses e locadoras de vídeo. O ambiente de negócios no Brasil é complexo e exige dedicação integral do empresário.

A maneira como o empreendedor se relaciona e se identifica com aquilo que escolheu está diretamente ligada ao sucesso do empreendimento. Quanto mais entusiasmo pelo negócio, maiores as chances de crescimento da empresa. Transformar sua paixão numa fonte de renda é mais inteligente, pois você vai trabalhar mais feliz, com brilho nos olhos, transmitindo isso em seu ambiente para clientes, funcionários e fornecedores.

Ao se relacionar com trabalho de forma honesta você valoriza os triunfos e se prepara para novos desafios. O importante na vida é ter e gerar satisfação.

7

O dono da empresa e seu "salário"

Você pede demissão do emprego, monta um negócio e passa a ter o poder de definir o próprio "salário". Simples assim? Claro que não! Estamos falando do pró-labore, a remuneração do dono da empresa e que deve obedecer a alguns princípios para não se transformar em uma bomba-relógio financeira.

O "salário" do proprietário depende da capacidade da empresa de gerar recursos. O dinheiro que entra no caixa não está à disposição sem restrições: ele tem destino certo, como o pagamento de fornecedores, de impostos e taxas, de funcionários e vai também para novos investimentos.

Se o empresário retirar um valor acima do que a companhia tem para bancá-lo, vai faltar para outras obrigações. Com o tempo, surgirá um rombo no orçamento capaz de comprometer seriamente a saúde do empreendimento.

Uma maneira de o empresário definir o pró-labore é saber exatamente quanto somam os gastos pessoais mensais. Tendo o valor médio dos últimos seis meses, é possível fazer a conta da remuneração.

Outra forma é determinar qual a função do proprietário na empresa. No geral, ele é o administrador. A ideia é que ele receba o salário que o mercado oferece para um profissional na mesma posição em

Se o caixa não comportar o valor do pró-labore, é preciso aumentar o volume de vendas ou mesmo rever o orçamento pessoal.

empresa de igual porte. Quando há sócios, é usual que cada um tenha um cargo para cuidar de uma área específica. Vale o mesmo critério. Empresas de recrutamento têm esse tipo de informação e jornais costumam publicar tais dados em cadernos especializados.

Se o caixa não comportar o valor do pró-labore, é preciso aumentar o volume de vendas ou mesmo rever o orçamento pessoal.

Uma vez definida a remuneração, ela se torna um custo fixo com incidência de Imposto de Renda e contribuição para o Instituto Nacional do Seguro Social - INSS.

Não confundir pró-labore com distribuição de lucro ou dividendos, que remunera o sócio conforme sua participação no capital social da empresa. Se não houver lucro, não se pagam dividendos.

Como vimos, há uma grande diferença entre o dinheiro que entra no caixa e o que entra no bolso do empresário. Ter consciência disso é essencial não só para uma boa gestão, mas para a vida pessoal do empreendedor.

8

Cinquentão com espírito renovado para empreender

Para muitos, fazer 50 anos é emblemático. Há nem tanto tempo assim, era a hora de pensar na aposentadoria. Porém, estamos vivendo mais. Atualmente, a expectativa de vida do brasileiro supera os 74 anos, segundo o Instituto Brasileiro de Geografia e Estatística - IBGE, um aumento de mais de três anos ante 2000.

Profissionalmente para os que completam meio século com saúde – e mais gente tem chegado bem a essa idade com os avanços da medicina, economia e adoção de hábitos saudáveis –, a perspectiva é de um bom período ainda na ativa, em que a opção de abrir o próprio negócio ganha força.

Ficar em casa de pijama lendo jornal ou assistindo à TV não traduz mais a postura dos cinquentões. É comum estarem cheios de energia, com vontade e necessidade de produzir. Ao mesmo tempo e infelizmente, parte do mercado de trabalho se mostra menos simpático com esse público.

Pesquisa do Sebrae-SP indica que, no Estado de São Paulo, entre os ocupados, a participação de pessoas com 50 anos ou mais como empreendedores é de 35,9%, enquanto a média é de 20,3%. Além disso, 34% dos negócios dos cinquentões têm de um a cinco anos de existência, 32% abrem o negócio próprio por necessidade, 30% por vontade e 23% por oportunidade.

O empresário mais velho tem a seu favor a experiência de vida e todo um aprendizado profissional: é fazer valer o seu conhecimento.

Se a solução encontrada para se manter em atividade for montar uma micro ou pequena empresa, é preciso estar ciente de que os cuidados para fazer certo são os mesmos em qualquer idade. É preciso planejamento e preparo, ou a iniciativa nasce torta e a possibilidade de sobrevivência diminui.

Mas o empresário mais velho tem a seu favor a experiência de vida e todo um aprendizado profissional: é fazer valer o seu conhecimento e adaptá-lo para facilitar a jornada.

Não é equivocado dizer que, no geral, o cinquentão está no ápice de sua competência técnica e conta com uma bagagem de inteligência emocional valiosa. Ele já passou da fase de agir por impulso e, se é menos ousado do que os mais novos, a maior capacidade de ponderação pode ajudá-lo na tomada de decisões importantes.

Esse empreendedor tem a força da juventude e a visão que somente a maturidade proporciona. O principal é saber que existe horizonte profissional no empreendedorismo e sair de cena aos 50 e poucos anos é desperdício.

9

A verdadeira liderança nos negócios

O dono de uma empresa, entre tantas atribuições que a posição exige, tem uma em especial: ele é acima de tudo um líder (ou deveria ser). Mas não é qualquer liderança que funciona.

É preciso exercê-la de forma inteligente ou o retorno será negativo. Nos negócios, se traduz em mais ou menos produtividade, melhores ou piores resultados, maior ou menor lucro.

Já foi o tempo em que a liderança era exercida na base do chicote. Não funciona mais. Os tempos mudaram, assim como a cabeça das pessoas. Ninguém mais aceita ordens e ideias empurradas goela abaixo. Pelo menos não por muito tempo.

Está fadado ao fracasso quem comanda de maneira fria e não presta atenção nos que estão à sua volta, principalmente nas micro e pequenas empresas, em que o número de funcionários é pequeno e o contato entre todos é mais próximo.

O verdadeiro líder não é aquele que consegue obediência dos seus subordinados, mas respeito e admiração. As pessoas não o seguem por medo e sim por motivação.

Ele age com ética, humildade e respeito. O líder não ameaça, convence. Diante de um problema, sua postura é a de facilitador,

Quem está no controle precisa ter senso de oportunidade e visão. Afinal, é ele que aponta o rumo a ser tomado. O líder precisa ter pulso.

permitindo aos empregados manifestarem seus pontos de vista e usarem a criatividade para encontrar soluções. Cria-se um ambiente agradável e afinado, no qual o grupo tem prioridade e, por isso mesmo, se mobiliza a trabalhar por razões compartilhadas.

Quem está no controle precisa ter senso de oportunidade e visão. Afinal, é ele que aponta o rumo a ser tomado. Os subordinados não vão decidir pelo comandante, entretanto, precisam ser treinados a responder como se líderes fossem na mesma situação.

O líder tem pulso, mas sabe ouvir e reconhecer o mérito dos outros. Ser líder requer boa dose de vocação. Porém, ao mesmo tempo, é uma habilidade a ser aprendida e aprimorada diariamente.

Ninguém nasce pronto para assumir essa posição. E nesse exercício constante, haja disciplina, comprometimento e sacrifício. É preciso aprender a lidar com pessoas e consigo mesmo, com o próprio emocional.

Não é fácil, claro. Mas conquistar o grupo é uma missão da qual o empresário não pode se furtar se quiser ser bem-sucedido.

10

Comércio mostra força, mas o desafio é permanente

Uma pesquisa do Sebrae mostra que 79,3% das micro e pequenas empresas - MPEs do comércio paulista sobrevivem aos dois primeiros anos de vida. Esse período é considerado o mais difícil, pois o negócio ainda não tem clientela formada e muitas vezes quem comanda é inexperiente. O número está acima da média nacional, de 77,7%, para o setor. Além do mais, qualquer índice acima de 70% já pode ser considerado muito positivo.

É uma boa notícia, sem dúvida, e deve ser celebrada. Mas é preciso ter os pés no chão. Não é porque a fase mais crítica foi superada que o jogo está ganho. O desafio é permanente. Mercado, comportamento do consumidor e cenário econômico mudam. E mudam muito! Acomodar-se é uma armadilha.

Por isso, nunca é demais reforçar os princípios da boa gestão. O planejamento tem de ser constante. Se o negócio foi bem pensado antes de sua abertura, a prática deve ser mantida para cada passo do empreendimento.

Outro conceito básico diz respeito aos recursos financeiros. Verbas da empresa não se misturam com as pessoais do dono do negócio. Ele tem sua retirada mensal e ponto final. Jamais deve pegar dinheiro do caixa e correr até o banco para pagar a mensalidade da escola do filho e a do plano de saúde.

Inovação é mandamento para o negócio ter vida longa. Pode ser no produto, nos processos ou no serviço. Deve-se incorporar algo no repertório. Sempre.

Controle de estoque é outro ponto crucial. Se falta mercadoria, a loja perde vendas e deixa de ganhar. Se sobra, é prejuízo. Saber medir a demanda faz-se importantíssimo.

Inovação é mandamento para o negócio ter vida longa. Pode ser no produto, nos processos ou no serviço. Não se trata de reinventar a roda, mas de incorporar algo que não estava no repertório. É oferecer um item novo, adotar ferramentas tecnológicas ou reorganizar o atendimento, por exemplo.

Marketing entra no pacote e vai muito além da propaganda. Existe uma gama de estratégias a serem usadas e basta avaliar qual a mais adequada no momento.

O comerciante tem sempre que ficar com o radar ligado para aproveitar as oportunidades e contornar as dificuldades. Aproveito o assunto para homenagear um comerciante muito importante em minha vida: meu pai, que por quarenta anos se dedicou à arte e ao ofício de encantar clientes em sua pequena loja de calçados.

11

Chega de andar de lado. Defina metas

Queixa comum entre empresários é que seus negócios "andam de lado". As explicações para a estagnação variam em cada caso, obviamente. No entanto, é bem provável que em muitos falte um elemento primordial: a definição de metas. Elas são um norte e afetam todas as ações do empreendimento.

Ter metas é almejar conquistas: o empresário decide aonde quer chegar e com base nisso toma suas decisões. Mas é preciso saber como fazer e ter disciplina, senão surgem frustrações ou simplesmente as aspirações se dissipam com as dificuldades que aparecem no caminho.

Toda meta deve ser específica. Objetivos genéricos não funcionam. Todo empresário quer aumentar as vendas de seu produto ou serviço, por exemplo. Mas ele deve estabelecer um porcentual de crescimento e um tempo para alcançar o desejado.

Apenas dizer que quer vender, mas sem especificar quanto nem em que prazo, não adianta. Daí a necessidade de medir o desempenho ou ninguém saberá se o alvo foi atingido. E nada de se apoiar na percepção ou em "achismos". Números mostram resultados.

Ao mesmo tempo, a meta tem de ser exequível. No caso acima, o empreendedor pode querer dobrar as vendas em um ano. Mas será

Ter metas é almejar conquistas: o empresário decide aonde quer chegar e com base nisso toma suas decisões. Mas é preciso ter disciplina.

um objetivo possível ou utópico? Para responder à pergunta, ele precisa estudar o mercado, suas possibilidades e ser realista. Por outro lado, mirar algo muito fácil de ser obtido também não é interessante. A meta deve ser estimulante e ter um significado para quem vai se empenhar em atingi-la.

Outro fator a se considerar é a disponibilidade de recursos para realizar a tarefa. O dono do negócio tem de saber se tem condições de chegar ao objetivo com o que possui, prever quanto mais pode necessitar e se terá capacidade de providenciar esse extra. Caso contrário, o trabalho será inexequível.

Definir metas traz ainda outro benefício: exige que o empreendedor faça o planejamento de suas ações, mandamento da boa gestão, mas frequentemente esquecido por parte dos empresários.

Pense na condução do seu negócio de outra maneira. Que tal trocar o "andar de lado" pelo trio meta, planejamento e crescimento?

12 Empresas de uma pessoa só exigem disciplina

Os profissionais liberais – advogados, médicos, dentistas, veterinários, arquitetos, psicólogos, por exemplo –, pela natureza de suas atividades, comumente trabalham de forma solitária. Eles são uma espécie de "empresa de uma pessoa só".

Enquanto numa corporação cada área conta com o seu responsável ou responsáveis, o profissional liberal tem de assumir todas as funções, ou quase todas, ao mesmo tempo. É ele quem cuida das finanças, da contratação de funcionários, da organização e manutenção do local, do marketing etc.

Isso significa que para sobreviver no mercado não basta ser bom tecnicamente na área escolhida, também tem de ser um administrador eficiente. Claro que falamos de um assunto muito extenso e não há pretensão de esgotá-lo aqui. Mas podemos citar alguns pontos básicos que valem para qualquer gestor, contudo frequentemente negligenciados.

Como não poderia deixar de ser, o profissional liberal precisa fazer um bom planejamento. É o caso de analisar setor, local onde pretende atuar, concorrência, público-alvo, conhecer seus pontos fracos e fortes, saber calcular o preço do serviço, custos, potencial de faturamento, entre uma série de outros fatores. Esse trabalho ajuda a reduzir riscos.

Não misture contas profissionais com pessoais. O caixa da empresa jamais pode se confundir com a carteira do médico ou dentista.

Ele também deve evitar o erro básico, porém comum entre empreendedores de todos os setores: misturar contas profissionais com as pessoais. O caixa da empresa jamais pode se confundir com a carteira do médico, dentista ou advogado.

Mas ele não precisa estar sozinho permanentemente. Um contabilista é de grande valia já que qualquer descuido nesse aspecto pode sair caro. Além disso, o profissional liberal fica com mais tempo para outras atividades como estudar e se atualizar no seu ramo ou, dedicar-se à vida pessoal, o que é saudável.

Com relação à construção da imagem, é sempre bom criar uma identidade visual. Escolha do estilo das instalações, padronização de material impresso ou digital distribuído para clientes, placa e cores (informe-se sobre a teoria das cores) merecem atenção.

O profissional liberal que se enxerga como uma empresa está um passo adiante de seus concorrentes. Mas para ser bem-sucedido é preciso capacitar-se. Busque orientação e bons negócios.

13
A primeira escola gratuita de empreendedorismo

Independência, liberdade, poder de decisão, possibilidade de criar algo com seu perfil. No mundo profissional, para um número cada vez maior de pessoas a concretização dessas aspirações está no empreendedorismo.

Cerca de 44% dos brasileiros desejam ter o próprio negócio, enquanto 25% ambicionam seguir carreira como funcionários em empresas, segundo a pesquisa Global Entrepreneurship Monito - GEM. Se pensarmos apenas nos jovens, a tendência é a mesma: o principal sonho deles não é mais ter emprego com carteira assinada nem passar em concurso público, mas sim montar um empreendimento. O mesmo estudo mostra que 34% dos negócios em início de atividade são comandados por pessoas de 25 a 34 anos e 18% por quem tem entre 18 e 24 anos.

O jovem (de idade ou de empreendedorismo) que quiser ser bem-sucedido precisa estar qualificado para enfrentar os desafios que lhe serão impostos. Ele vai ter de superar burocracia, crédito caro, mudanças no comportamento do consumidor, turbulências econômicas e concorrência acirrada.

É inconcebível que ele coloque seu investimento num negócio que será administrado na base de tentativa, erro, tentativa, acerto; com frequência este último nem é atingido.

O jovem (de idade ou de empreendedorismo) que quiser ser bem-sucedido precisa estar qualificado para enfrentar os desafios que lhe serão impostos.

O preparo para a batalha diária vem com informação e formação. Mesmo aqueles com experiência têm sempre algo a aprender. Leituras, palestras, cursos, tudo é válido para ampliar o conhecimento.

Nesse contexto, ao longo dos anos cresceu a demanda do empresariado brasileiro por um ensino formal de assuntos ligados ao seu dia a dia profissional.

Para suprir essa lacuna, o Sebrae-SP, em parceria com o Governo do Estado de São Paulo, criou a Escola de Negócios. Iniciativa inédita, é a primeira escola de empreendedorismo gratuita do Brasil, onde os alunos poderão vivenciar situações reais comuns à rotina de qualquer empresa.

Com sede na cidade de São Paulo, a Escola disponibilizou para o ciclo de aulas 2014/2017 quase 2 mil vagas para os ensinos técnico e tecnológico, com entrega de certificados e diplomas. A duração dos cursos varia entre 18 (técnico) e 36 meses (técnico integrado ao médio integrado e tecnológico). Mais informações estão disponíveis em www.centropaulasouza.sp.gov.br e www.sebraesp.com.br.

Está plantada uma valiosa semente para o fortalecimento das micro e pequenas empresas. E, quanto melhor elas estiverem, melhor para a economia e para a sociedade brasileiras.

14
As responsabilidades de se tornar dono da empresa

Você montou seu negócio e agora pode dizer: "A empresa é minha, faço o que quero". Sinto informar-lhe, mas não é bem assim. Por mais autonomia que empreender proporcione, toda empresa tem uma função social a cumprir, que se desdobra em responsabilidades com clientes, fornecedores, funcionários, poder público, meio ambiente e sociedade em geral.

O desrespeito às regras acarreta sérias consequências. Entre as penalidades estão autuação, multa, atividades suspensas e nome sujo. Dependendo da infração, o responsável pela empresa pode ser obrigado a indenizar eventuais prejudicados e responder civil e até criminalmente.

O simples fato de o negócio extrapolar o contrato social também é passível de penalidade. É o caso em que, na ânsia de aumentar receita, a empresa passa a vender produtos quando seu registro só permite prestação de serviço.

Outro ponto a ser pensado é a relação entre o negócio e os bens pessoais dos responsáveis. O grande medo de qualquer empreendedor é falir e se atolar em dívidas.

Na sociedade limitada – maioria dos micro e pequenos negócios –, os donos não respondem com seus bens pessoais para arcar com as

Cumpra seus deveres, reivindique seus direitos e lembre-se de que querer "levar vantagem em tudo" é realmente uma péssima opção.

pendências. Porém, constatada alguma irregularidade legal, o patrimônio particular deles será requisitado para o pagamento.

Ao comprovar-se que houve má-fé, a coisa piora podendo haver implicações criminais. Clássico exemplo é o do empresário que não recolhe INSS dos funcionários mesmo quando comprovadas as condições financeiras para isso.

Quando se trata da falência de empresa individual convencional e de dívidas do Microempreendedor Individual - MEI, o patrimônio pessoal é considerado. Nessas situações, a responsabilidade do empresário é ilimitada. A única forma de atuação individual em que há separação entre patrimônio pessoal e negócios é na Empresa Individual de Responsabilidade Limitada - EIRELI.

Diante disso, não vale a pena descumprir as obrigações. É a reputação e a sobrevivência da empresa que estão à prova. A sociedade não tolera e o poder público, principalmente o Fisco, está bem equipado para monitorar as empresas.

Informe-se sobre as regras do jogo, cumpra seus deveres, reivindique seus direitos e lembre-se de que querer "levar vantagem em tudo" é uma péssima opção.

15

Seja um empreendedor de sucesso

Todo empreendimento nasce basicamente de um sonho. Sonho que o empresário ou futuro empresário tem de construir um negócio em que acredite e com o qual tenha verdadeira identificação.

Sonho de fazer as coisas do seu jeito, ganhar dinheiro trabalhando com o que gosta e que represente a ponte para a realização profissional e pessoal.

Ao abrir um negócio próprio, o empreendedor vislumbra conquistas. Porém, entre o desejo e a efetiva concretização dos objetivos existe um longo caminho cheio de altos e baixos. Tal trajetória exige muita dedicação para deixar de ser apenas uma promessa.

Mas como se tornar um empreendedor de sucesso? Podemos identificar características comuns entre aqueles que se destacam. São traços que fazem com que essas pessoas tenham um desempenho acima da média.

O empreendedor de sucesso é, antes de tudo, alguém com iniciativa. É um líder que vai atrás de soluções e está sempre atento ao mercado. Ele se antecipa e faz acontecer, pois vê oportunidades onde outros não as enxergam. Ele é persistente. Convicto de que tem uma ideia ou projeto com possibilidades, não desanima diante dos problemas, traça metas e se empenha para atingi-las.

Planejamento é sua palavra de ordem. Todas as ações são pensadas, revistas, monitoradas e ajustadas conforme as circunstâncias.

A busca por informação faz parte de sua rotina. Sabe que maior conhecimento sobre clientes, fornecedores, concorrentes, produtos e serviços é o atalho para obter diferenciais em meio a tanta competição. E não hesita em consultar especialistas que possam lhe orientar. Além disso, é um ouvinte atento, pois boas ideias vêm tanto da pessoa mais humilde quanto de alguém extremamente preparado.

Planejamento é sua palavra de ordem. Todas as suas ações são pensadas, revistas, monitoradas e ajustadas conforme as circunstâncias. Organizado, mantém registros financeiros e a partir deles toma decisões fundamentadas.

Outro aspecto marcante é a exigência permanente de qualidade e eficiência. Sua intenção é surpreender o cliente positivamente e compromete-se a ajudar a equipe para cumprir as tarefas.

O empreendedor de sucesso não quer ser apenas mais um. Ele pensa grande. Por isso ousa, arrisca – de forma calculada, pois tem o pé no chão – e sempre crê que é capaz de construir o que idealizou.

16

Negócio bem-sucedido de pai para filho

No Brasil, mais de 90% das empresas são familiares, segundo o IBGE, o que significa que cada uma, a seu tempo, certamente terá o comando transferido para um sucessor, na maioria dos casos, de pai para filho.

Pesquisas mostram que, de cada 100 empresas familiares abertas e bem-sucedidas, 30 chegam à segunda geração e 15 à terceira. Tais números evidenciam quão importante é a passagem das rédeas das mãos do fundador para o herdeiro. Se malfeita, pode levar o empreendimento a uma administração equivocada e sucumbir por isso.

A sucessão é um procedimento demorado, que exige planejamento e, portanto, precisa começar quanto antes. Não vamos tratar aqui de conflitos internos da família em que existe uma disputa pelo comando. Nesses casos, os interessados acabam até "jogando contra o patrimônio", truncando o processo apenas para evitar que o "concorrente" fique com o posto. Partamos do princípio em que a escolha está pacificada e o objetivo é fazer a passagem de bastão da melhor forma possível.

O sucessor, antes de mais nada, deve mostrar aptidão para o negócio. Assumir uma empresa sem vocação para a tarefa é ligar uma bomba-relógio.

O futuro comandante precisa ser testado em situações que exijam poder de decisão. O preparo teórico é fundamental nesse processo.

Consideremos, então, o herdeiro apaixonado pelo empreendimento. O passo seguinte é se preparar para a missão. Isso requer conhecer bem a empresa toda, ou seja, trabalhar nas mais variadas funções numa imersão no negócio.

O futuro comandante precisa ser testado em situações que exijam poder de decisão, pois será sua realidade quando assumir. O preparo teórico também é fundamental. Ele tem de estudar para entender das especificidades da empresa e de gestão. Além disso, é muito importante passar por experiências profissionais fora do empreendimento da família, assim vai adquirir maior vivência para levar para seu negócio.

O herdeiro deve ainda possuir espírito inovador, já que enfrentará um mercado em constante transformação e, se não acompanhar as mudanças, apostando só em repetir o pai, corre sério risco de perder o rumo e fracassar.

Não estamos falando de uma fórmula matemática. Mas é óbvio que quanto maior a preparação para a sucessão, feita de forma profissional, mais chances de dar certo. Arriscar o negócio da família por questões emocionais e afetivas não é uma boa opção.

17

Empreendedorismo também se aprende na escola

O jovem tem garra, motivação e uma inquietação comuns a essa fase da vida. Não é surpresa que, na hora de entrar no mercado de trabalho, muitos desejem ter o próprio negócio. Mas só vontade não basta, é preciso se preparar, o que significa estudar, absorver a cultura do empreendedorismo para poder entrar nesse universo.

Nos últimos anos tem aumentado a escolaridade média do empreendedor. Pesquisas do Sebrae-SP comprovam isso. Muitos optam por abrir a própria empresa ao final dos estudos. Mas apenas o conhecimento formal da área de estudo não é suficiente para transformar um bom profissional num empreendedor de sucesso. Um bom médico não é necessariamente um bom gestor de um consultório. Muitos excelentes advogados desconhecem questões elementares de gestão dos próprios escritórios. E assim por diante.

Ao jovem devem ser dadas as condições de conhecer o que é o empreendedorismo. Ele precisa sair da escola preparado não só para ser empregado, mas para ser empreendedor. O Sebrae-SP tem participação ativa nesse sentido com programas como o Jovem Empreendedor – Primeiros Passos - JEPP, Formação de Jovens Empreendedores - FJE e a disciplina de Empreendedorismo.

O JEPP consiste em capacitar professores do ensino fundamental para que repassem a cultura empreendedora para os alunos. A es-

Nos últimos anos tem aumentado a escolaridade média do empreendedor. Pesquisas comprovam que muitos abrem sua empresa ao final dos estudos.

cola interessada pode procurar o Sebrae-SP, que assume a qualificação dos docentes. O FJE é voltado para alunos do ensino médio e técnico, tem um ano de duração e também capacita professores para transmitirem os conhecimentos sobre o tema dentro da linguagem adequada aos estudantes desse nível de escolaridade.

Há ainda a disciplina de Empreendedorismo, direcionada ao ensino superior que, conforme o interesse da instituição de ensino, pode ser incorporada à grade curricular de qualquer curso universitário.

O empreendedorismo é uma ferramenta importante para o desenvolvimento econômico e social. Quanto mais aproximarmos o jovem dessa cultura, maiores serão os benefícios para ele e o País.

Investimento

18

A dúvida recorrente: ter ou não um sócio na empresa

Ter ou não um sócio é uma dúvida frequente entre os empresários. É aconselhável fazer uma sociedade com um amigo, com um parente, com a esposa ou marido? Tudo depende de como essa sociedade é montada.

Em tese, qualquer sociedade é possível. A questão está em definir os deveres e os direitos de cada um. Isso deve ser feito antes de a empresa começas suas atividades para evitar atritos.

Ter um sócio pode ser bom para injetar dinheiro no empreendimento, modernizá-lo e até motivar a equipe. É mais uma cabeça para pensar, tomar decisões e procurar soluções.

O contrato é o caminho para reduzir problemas entre os sócios. Ele deve especificar quais as obrigações de cada um, quem é responsável por determinadas tarefas e assim por diante.

Unir-se a alguém conhecido pode facilitar. Mas é fundamental saber se essa pessoa tem o perfil que combina com o seu e com o da empresa.

Em geral, as sociedades começam em um clima de entusiasmo. Saber superar as dificuldades – elas vão aparecer – é o que ajuda a sustentar o negócio.

Ter um sócio pode ser bom para injetar dinheiro no empreendimento, modernizá-lo e até motivar a equipe. É mais uma cabeça para pensar.

É importante que os sócios tenham aptidões que se complementem. Em um restaurante, um deles pode ser quem vai para a cozinha preparar os pratos e cuidar da qualidade da comida. O outro pode assumir a parte administrativa. Ou seja, um é o profissional técnico e o outro, o gestor. Uma divisão de funções assim é produtiva.

Os sócios precisam ter afinidade, confiança mútua, respeito e os mesmos ideais. O diálogo entre eles deve ser sempre franco, frequente e construtivo.

Outro aspecto que deve ser observado é o legal. No Simples Nacional não há cota mínima: um sócio pode ter 1% e o outro 99% ou qualquer divisão. Mas a participação em outra empresa remete a algumas regras. Se um deles tiver, por exemplo, 50% em uma empresa, 10% ou mais na segunda e a soma do faturamento delas superar os R$ 3,6 milhões anuais do teto do Simples, ambas deverão sair do regime. Mas, se ele tiver menos de 10% na segunda empresa, não se aplica a soma dos faturamentos e não há impacto no Simples.

É natural aparecerem essas dúvidas se você tem ou pensa em fazer uma sociedade. Você só não deve deixar que elas prejudiquem seu negócio. Quanto antes forem sanadas, melhor para sua empresa.

19

A cigarra, a formiga e o seu negócio

Sazonalidade. O termo se refere ao período em que a demanda tem uma grande variação e que representa desafios e oportunidades para o varejo. Mas a exemplo do que ocorre na fábula de Esopo, só aproveita ao máximo essa oportunidade quem está preparado. Senão, o "comerciante cigarra" vai ver o consumidor a gastar na loja do "concorrente formiga".

Ao pensarmos em sazonalidade fazemos ligação com datas como Natal, Dia das Mães, Dia dos Namorados, entre outras. Porém, nos aproximamos de eventos que podemos colocar na categoria super-sazonalidade, como foram a Copa das Confederações em 2013 e a Copa do Mundo neste ano, e como será a Olimpíada em 2016.

Seja para uma data ou evento, temos de insistir na recomendação: planejamento, sem o qual o varejista não dará conta do aumento de público nessas ocasiões.

Um dos pontos a serem pensados com cuidado é a equipe. O empresário precisa analisar se terá de contratar funcionários temporários para suprir a demanda e treinar o pessoal para lidar com clientes de culturas diferentes.

Revise a oferta de produtos. O estoque deve ser reforçado para não perder vendas por falta de mercadoria e precisa ser adaptado, com

Seja para uma data ou evento, temos de insistir no planejamento, sem o qual o varejista não dará conta do aumento de público nessas ocasiões.

itens temáticos, souvenires e convenientes aos consumidores da ocasião. Mas faça o cálculo com cuidado para não superdimensionar a demanda e sobrar produto. Encalhe é prejuízo. Lembre-se das vuvuzelas na Copa de 2010. O Brasil foi desclassificado e o interesse nas cornetas desabou.

Uma adequação do ponto de venda é bem-vinda. Se a loja estiver organizada e decorada conforme o evento, a possibilidade de atrair clientes aumenta. Adaptações no espaço físico podem evitar filas e facilitar a circulação de clientes.

Com um público maior, lembre-se da segurança. A possibilidade de perdas aumenta com mais gente na loja. Estude contratar seguranças para o período do evento e avalie modernizar o sistema de proteção.

Divulgar seu negócio é importante. O consumidor precisa saber que sua loja existe e o que oferece. Faça promoções. É hora de aparecer para o público de uma forma mais ostensiva.

Na fábula, a formiga sobreviveu ao inverno rigoroso porque aproveitou o trabalho no verão. No mundo dos negócios, tudo deve ser pensado antes, pois é a preparação que fará a diferença no caixa.

20

Ei, inovação é para você também!

As vendas estavam boas, não faltavam clientes, porém a produção estava estagnada e havia problema no sistema de controle. Essa era a situação de uma confecção de Santos, especializada em produzir uniformes, atendida pelo Sebrae-SP.

A saída foi alterar o layout da área de produção. Os donos da empresa implantaram o sistema de células, em que cada costureira faz um trabalho específico, reorganizaram os controles para medir os resultados e criaram metas e investiram na motivação do pessoal, incluindo sessões de ginástica laboral.

Segundo um dos donos, sem funcionários motivados, nada flui. A produtividade aumentou 30% no primeiro ano após a adoção das medidas e o número de empregados triplicou.

Esse é só um exemplo de ganhos trazidos pela inovação, que abrange mudanças no produto, nos processos, no marketing e na organização. Inovar é fazer algo que não era feito antes. Inovar é uma necessidade para manter-se competitivo.

Porém, no Estado de São Paulo, pesquisa feita recentemente pelo Sebrae-SP mostra que apenas 53% das micro e pequenas empresas - MPEs inovam com alguma frequência e 47% não têm essa prática ou raramente inovam.

Muitos empresários acreditam que inovação é só para a indústria e grande empresa de base tecnológica. É preciso desmistificar esse conceito.

É preciso desmistificar esse conceito. Muitos empresários acreditam que inovação é só para a indústria e grande empresa de base tecnológica. Mas ela é possível para todos os segmentos e portes e não há necessidade de altos investimentos (veja o exemplo da motivação dos funcionários).

Outra dificuldade apontada pelas MPEs é a distância para as fontes de conhecimento, ou seja, agentes que podem auxiliar no processo de inovação. Para encurtar esse caminho, o Sebrae-SP, em parceria com o Conselho Nacional de Desenvolvimento Científico e Tecnológico - CNPq, realiza o programa Agente Local de Inovação - ALI, no qual pessoal capacitado dá toda a orientação para tornar a empresa mais competitiva, levando conhecimento, capacitação em gestão.

Também há iniciativas para facilitar o crédito. Uma delas é o Programa São Paulo Inova, do governo do Estado, que financia empresas tecnológicas e de perfil inovador em estágio inicial.

Sem inovação, uma empresa está fadada à estagnação. Para o empreendedor seguir em frente e com sucesso, deve reinventar seu negócio permanentemente.

21
Não "queime" sua loja na internet

"Minha loja está na internet, vou vender mais. Agora vai!" Esse pensamento, apesar de comum, nem sempre condiz com a realidade. Seu negócio pode ganhar muito por estar na web, mas sem os cuidados necessários, o mundo virtual pode "queimá-lo".

O universo de consumidores é atrativo: em 2013, as compras *on-line* movimentaram R$ 28,8 bilhões em 2013, crescendo, nominalmente, 28%, em relação a 2012, quando o faturamento chegou a R$ 22,5 bilhões, segundo a E-bit, empresa especializada em informações do comércio eletrônico. Quem não quer aparecer para um mercado que cresce sem parar?

Mas o consumidor *on-line* é exigente e não pensa duas vezes para sair do seu site caso algo não agrade. E, se a experiência de compra for frustrante, ele vai usar as redes sociais para falar mal da sua empresa. Portanto, faça a coisa certa, ou a imagem da sua loja pode ser duramente atingida.

Em primeiro lugar, facilite a vida do cliente. Ele quer encontrar o que procura em até três cliques – mais do que isso é pedir para o consumidor mudar de site rápido. A informação na sua página tem de ser direta, objetiva e clara e deve explicar o que sua empresa faz em poucas palavras. Mantenha o site atualizado: loja virtual desatualizada também afasta o internauta.

Mantenha o site atualizado. Loja virtual desatualizada afasta o internauta. Invista em sistemas de pagamento seguro e em certificações.

Invista em sistemas de pagamento seguro e em certificações. Simplifique o procedimento para a compra ou o consumidor desiste. Nada de muitas etapas entre a colocação dos produtos no carrinho, a checagem do que foi escolhido e o pagamento.

Forneça informações detalhadas do que é vendido, coloque fotos grandes de cada item e nunca use imagens que não sejam as da mercadoria oferecida.

Lembre-se de informar o custo e tempo do frete. Se o cliente não souber disso logo, ele não concretiza a compra.

Esconder ou não dar contatos da empresa é um equívoco. O internauta quer ter como se comunicar com você, portanto não fuja dele.

Jamais descumpra o prazo de entrega ou não entregue o que foi encomendado. Esse é o maior pecado que você pode cometer e, quando acontece, pode acabar em processo pelos órgãos de defesa do consumidor.

A internet pode ser uma grande aliada desde que bem usada. Senão, ela se volta contra seu negócio e é dificílimo recuperar uma imagem arranhada e sem credibilidade.

22

Coloque a letra P na gestão do seu negócio

Como é natural, as pessoas que abrem seu negócio são movidas por uma vontade grande de fazer acontecer. O sujeito quer colocar a mão na massa, mas, na pressa de ver a empresa funcionando, peca pela falta de organização.

Ele se deixa guiar apenas pela intuição ou feeling e não estuda o negócio detalhadamente antes de tomar decisões. Dessa forma, acrescenta uma dose extra de risco à sua iniciativa, o que pode comprometer o investimento.

Um bom ponto de partida para colocar a empresa no caminho certo é atentar para o princípio dos 4 Ps: propósito, processo, pessoas e parcerias. Quando pensamos em propósito, temos de responder à pergunta: o que meu negócio vai oferecer, qual é a essência dele. Temos de pensar no público-alvo e no lucro que poderá ser obtido. É a hora em que se direciona o negócio e se determina a que veio.

O processo diz respeito a como fazer. É definir como fabricar o produto ou prestar o serviço, como vendê-lo e administrar a empresa.

As pessoas são o dono do negócio e os empregados. Esse quesito trata do relacionamento entre ambos, que precisa ser construtiva, própera e de cumplicidade. A equipe deve ser bem escolhida, com base em critérios técnicos e qualidades interpessoais.

Um bom ponto de partida para colocar a empresa no caminho certo é atentar para o princípio dos 4 Ps: propósito, processo, pessoas e parcerias.

Por fim, o quarto P se refere a parcerias. Estão nesse grupo todos os que mantêm contato com a empresa e podem facilitar a gestão. Os parceiros são, por exemplo, os fornecedores. Um bom relacionamento com eles ajuda desde a reduzir gastos até a conquistar mercado. E, por mais inusitado que pareça, os concorrentes também são parceiros. É o caso de unir-se para formar uma associação e buscar melhores condições para o setor, reduzir gastos etc.

Há ainda um último P que pode ser definido por prazer. Afinal ninguém aguenta fazer algo de que não gosta por muito tempo e, na primeira crise, provavelmente vai pular do barco.

O princípio dos 4 Ps deve ser aplicado sempre, não só na abertura do negócio. Pode ser usado para redimensionar a empresa, aproveitar a sazonalidade, promover inovação ou mirar novos nichos. Cada P até parece simples, mas eles envolvem muitos detalhes que, se analisados cuidadosamente, dão uma visão mais completa do negócio e contribuem para o sucesso.

23 Informatizar a empresa é uma necessidade

Desculpem-me os mais conservadores, mas o dono de uma microempresa que ainda faz o controle do seu negócio com anotações em um caderno precisa reciclar seus processos.

A tecnologia é ferramenta vital e aliada do empreendedor em qualquer ramo e não usá-la é perder dinheiro. Por isso, informatizar sua empresa não é supérfluo, nem luxo: é necessidade. Além do mais, manter-se longe dos computadores profissionalmente hoje em dia é praticamente inviável.

A informatização permite que o empresário reúna dados sobre o dia a dia do seu negócio, ajuda no planejamento e na tomada de decisões. Porém, não adianta colecionar informações no computador sem qualidade, pois registros errados levam a conclusões erradas.

Fluxo de caixa e cadastro de fornecedores e de clientes são áreas de qualquer empresa que necessitam de informatização. Também entra nessa lista o controle de estoque, que passa a ser feito mais fácil e rapidamente, podendo ser ajustado com precisão conforme a demanda e reduzindo perdas.

O cadastro de clientes, que deve ter campos para inclusão de diversos dados, auxilia a identificar as preferências dos consumidores e

A informatização permite que o empresário reúna dados sobre o dia a dia do seu negócio, ajuda no planejamento e na tomada de decisões.

oferecer-lhes produtos alinhados com seu perfil e em datas propícias. A informatização pode começar de forma simples, com o uso de planilhas eletrônicas ou editores de texto. Quando esses recursos se mostrarem insuficientes, é hora de partir para aplicativos ou softwares específicos. Mas nada de sair comprando programas a torto e a direito. Pesquise qual o aplicativo adequado. Nem sempre a opção mais cara e avançada é a ideal.

Existem versões mais simples de softwares para experimentação (demos), obtidas por *download* ou fornecidas pelo fabricante. Teste para ver se suprem sua necessidade. Conversar com outros empresários para saber que produto eles usam também ajuda na escolha.

Antes de adquirir o software, verifique se ele tem prazo de validade, se a manutenção é paga ou não, se existe treinamento e consultorias para aprender a utilizá-lo plenamente.

Informatizar a empresa só traz vantagens. Com o software certo, o empresário aumenta o controle do seu negócio e tem material em mãos para pensar em ações que tragam resultados melhores.

24

Conecte seu negócio com as gerações Y e Z

Digitais e conectados. Essas talvez sejam os melhores adjetivos para descrever os nascidos nas décadas de 1980 e 1990, as chamadas gerações Y e Z, respectivamente. Saber prender a atenção delas é o desafio das empresas que quiserem aproveitar o poder de consumo desses dois grupos.

Com os Ys e Zs tudo gira em torno da internet. Estão *on-line* permanentemente, costumam fazer várias atividades ao mesmo tempo, como interagir nas redes sociais, assistir à TV e estudar.

Mas o fato de a empresa estar na web não basta para sensibilizá-los. A plataforma digital precisa estar adaptada a smartphones e tablets, pois esse público exige mobilidade.

Os integrantes dessas gerações pedem rapidez e respostas instantâneas. Para eles o e-mail está ultrapassado e não satisfaz seu imediatismo, portanto busque outros canais de comunicação.

Mas a coisa não para aí: a versão virtual do negócio deve ser calcada nas imagens. Esses potenciais clientes privilegiam o aspecto visual e não o texto. Apesar de acompanharem os mais variados assuntos, a leitura não é aprofundada e o foco muda facilmente. Seja ágil se quiser entrar no radar deles e prime pela eficiência, porque se trata de um público infiel a marcas.

Os integrantes dessas gerações pedem rapidez e respostas instantâneas. Para eles o e-mail está ultrapassado e não satisfaz seu imediatismo.

A empresa também não pode descuidar da transparência e da integridade. Os Ys e Zs são movidos pelo efeito de rede, ou seja, a opinião é formada com base no grupo, que por sua vez tem raízes nas comunidades virtuais. A recomendação é mais forte do que a propaganda. Um deslize e a crítica se espalha em alta velocidade.

Eles querem participar da construção dos produtos, buscam itens personalizados, que ao mesmo tempo os insiram na coletividade e os diferenciem entre seus semelhantes. A empresa que souber explorar tal ponto vai sobressair.

Permita a esses consumidores testarem o que você vende. Eles já fazem isso na web com aplicativos, programas etc. e exigem que essa condição se estenda ao mundo físico.

Por fim, se a geração Y tem pleno poder de decisão na compra, a Z, que reúne adolescentes e crianças, exerce forte influência no consumo bancado pelos pais. Não se esqueça deles, pois serão os líderes de amanhã.

25

Está tudo certo. Agora só falta escolher o nome

Há quem diga que é como escolher o nome do filho. De toda forma, definir como a empresa vai se chamar não é mesmo tarefa fácil. Não existe fórmula infalível a ser aplicada, porém vale observar alguns critérios para evitar erros.

Basicamente, espera-se que o nome crie empatia, aproxime a empresa do público-alvo, ajude a destacar o negócio e a construir uma imagem positiva.

O nome deve ser curto e fácil de ser lembrado e pronunciado. Pense nas marcas de sucesso, mundialmente consagradas e veja o que têm em comum. No geral, uma palavra simples de falar e memorizar.

Nome parecido com o do concorrente não é aconselhável. O negócio precisa de identidade e ser confundido com o rival não ajuda.

Abusar das siglas é perigoso, apesar de ser um atalho para a solução. Elas devem significar algo ou não terão efeito favorável.

Nomes regionais podem ser um limitador se o negócio se expandir para outras praças com traços diferentes dos do local de origem.

Palavras em outros idiomas também oferecem certos riscos. Se o termo já é de amplo conhecimento do público, melhor, mas caso

Nome parecido com o do concorrente não é aconselhável. O negócio precisa de identidade e ser confundido com o rival não ajuda.

seja de difícil assimilação pode não funcionar. É fundamental que a sonoridade seja boa e a leitura, fácil.

Cuidado com generalizações. Termos que resumem o que a empresa faz são uma saída, no entanto, não definem a marca e a tornam comum demais.

Colocar o próprio nome na empresa é outra opção, mas estabelece uma relação para toda a vida. Se amanhã você vender seu negócio, a associação vai continuar. Caso diversifique o ramo de atuação, ainda há a possibilidade de o novo empreendimento ser associado ao primeiro.

Definido o nome fantasia – do qual estamos falando –, ele precisa ser registrado para assegurar o direito de uso ou corre-se o risco de perdê-lo para alguém que fez isso antes. A marca necessita de registro no Instituto Nacional de Propriedade Industrial - INPI.

Já a razão social, que aparece em documentos para identificar a pessoa jurídica, deve constar na Junta Comercial.

A escolha merece toda a atenção, pois o nome interfere no desempenho do negócio e mudá-lo implica custos. Uma análise cuidadosa e criatividade ajudam a chegar ao ideal.

26

Reunião, sim. Perda de tempo, não

A reunião termina e fica a impressão de que não rendeu nada. Isso ocorre com frequência maior do que deveria, uma armadilha para os negócios de qualquer porte.

Como não dá para eliminar esses encontros da rotina das empresas, o melhor a fazer é tornar o compromisso o mais produtivo possível. Se vale a máxima de que tempo é dinheiro, desperdiçá-lo com conversa fiada é prejuízo.

Nas micro e pequenas empresas - MPEs, que têm número menor de funcionários, uma reunião pode mobilizar todo ou quase todo o pessoal. Por isso, a primeira coisa a se pensar é na real necessidade de marcar o encontro.

Não haveria outra forma eficiente de tratar o tema? Uma troca de e-mails não resolve? É possível reduzir o número de reuniões, eliminando as que, no fundo, não têm razão de ser?

Quanto aos participantes, só deve comparecer quem está envolvido no assunto. Se a presença de uma pessoa não é essencial, por que chamá-la? Seria melhor deixá-la de fora e depois comunicar o que foi decidido. Ou então, fica só durante o debate de tema a ela pertinente. Esse é um procedimento que deve ser explicado antes para que ninguém se sinta excluído.

O condutor da reunião tem papel fundamental. É ele quem coloca as questões a serem tratadas na mesa, determina o tempo para cada uma.

Reunião tem de ter hora para começar e acabar. Deve iniciar com quem estiver presente, sem retomar o assunto já encerrado quando o atrasado chegar. A regra não se aplica, por motivos óbvios, quando o ausente for o proprietário da empresa ou alguém que tem informações-chave.

O condutor da reunião tem papel fundamental. É ele quem coloca as questões a serem tratadas na mesa, determina o tempo para cada uma, evita a perda de foco puxando de volta para a discussão os dispersos e corta conversas paralelas e divagações.

Para a reunião render positivamente, é bom os convidados receberem antecipadamente a pauta, com objetivos e dados relacionados para se prepararem.

Após o encontro, enviar e-mail para os participantes com o resumo do que foi resolvido e as incumbências de cada um também é muito importante e produtivo.

Reunião sem direcionamento e objetivos vira bate-papo. É desperdício de tempo: fala-se muito, decide-se pouco e a produtividade da empresa é prejudicada.

27

Empresa em casa dá certo. Com disciplina e profissionalismo

Abrir negócio próprio significa ter liberdade para tomar decisões, como escolher onde trabalhar. Se a opção for um empreendimento em casa, além dos cuidados comuns que qualquer empresa exige, é preciso dedicar uma dose extra de disciplina para fazer funcionar.

Antes de dar o pontapé inicial, verifique se o zoneamento permite exercer a atividade naquele local, se há outras restrições legais ou condicionantes. Passada essa etapa, vem a instalação. A empresa tem de ficar em um cômodo exclusivo do imóvel. Esse espaço não pode ser invadido pela movimentação dos moradores nem interferir nos hábitos deles.

Privacidade é a chave. Nada de trabalhar com as crianças brincando em volta, outros familiares cuidando de afazeres domésticos e rádio ou TV ligados. Pega mal atender o telefone (que deve ser só da empresa) com uma trilha sonora de falatório, risadas, choro de bebê, cachorro latindo, tão comuns ao dia a dia de uma residência.

O ambiente escolhido tem de ser arrumado como local de trabalho, sem objetos ou móveis estranhos à atividade. Caso receba clientes ou fornecedores, o ideal é ter uma entrada independente.

A atitude do empreendedor faz muita diferença quando ele monta o negócio onde mora. É preciso estabelecer uma rotina com início,

Privacidade é a chave. Nada de trabalhar com as crianças brincando em volta, outros familiares cuidando de afazeres e rádio ou TV ligados.

tempo para almoço e fim de jornada. O horário comercial deve ser obedecido, pois é nesse período que as relações profissionais se desenvolvem.

O empresário deve vestir-se de acordo - bermuda, chinelo ou pijama durante o expediente não combinam. Tem de entrar no clima da cabeça aos pés literalmente. E importante: não é porque residência e empresa estão fisicamente no mesmo lugar que o dinheiro de ambas se mistura. Separar as finanças é primordial para a saúde do negócio e da vida pessoal.

Considere ainda o lado psicológico. Se o empresário tiver dificuldade para trabalhar sem interagir com pessoas em volta, talvez essa não seja uma boa opção.

Ter negócio em casa reduz gastos, elimina a necessidade de deslocamentos e pode proporcionar mais qualidade de vida. Porém, é o profissionalismo que vai determinar o bom andamento desse empreendimento.

28

Aproveitando as redes sociais para impulsionar o negócio

As manifestações de rua ocorridas em todo o Brasil mostraram claramente como as redes sociais passaram a influir no comportamento da população. Por meio delas milhares de brasileiros se informaram sobre os protestos e se mobilizaram em torno de reivindicações comuns.

Foi uma prova do poder da internet para encurtar distâncias, conectar pessoas rapidamente e em larga escala e disseminar opiniões de forma amplificada.

O empreendedor pode muito bem aproveitar a força das redes sociais nos seus negócios. Expandir a presença na internet, com uma conta no Facebook ou Twitter, por exemplo, para divulgar a marca e atrair consumidores é estratégico. Mas a iniciativa só vale se bem executada ou o efeito será insignificante e até prejudicial.

Posto que o público-alvo da empresa está nas redes sociais, é preciso se estruturar para sustentar as ações necessárias. Há gente na equipe para monitorar o que se passa nesse universo e que saiba lidar com situações que venham a ocorrer?

Redes sociais exigem diálogo e interação com o consumidor. É um espaço onde o cliente se expressa, reclama, elogia, dá sugestões e quer respostas imediatas. Se ele sentir que está falando sozinho, o

Redes sociais exigem diálogo e interação com o consumidor. É um espaço onde o cliente reclama, elogia, dá sugestões e quer respostas imediatas.

recurso se volta contra a empresa que passará a ser alvo de críticas – espalhadas na conhecida velocidade do mundo virtual.

A empresa deve ouvir as demandas e ter agilidade para tomar providências. Muitos indivíduos protegidos pelo anonimato proporcionado pela internet falam coisas na web que não teriam coragem pessoalmente. Daí a necessidade de alguém com tato para agir nesses casos mais delicados.

As redes sociais não podem virar meros catálogos digitais. O melhor é oferecer conteúdo sobre o que é vendido, o mercado, os lançamentos, falar de tendências, promoções, propor enquetes, emitir opiniões, compartilhar vídeos etc.

Elas são uma fonte rica em informações sobre o que o público pensa da empresa, do produto e do serviço e servem de guia para avaliar o que fazer.

Estar nas redes sociais não é marcar território. É ter em mãos uma ferramenta de grande utilidade para quem sabe usá-la.

29

Bons contatos levam a bons negócios

Em qualquer ramo, ter uma rede de contatos é essencial. Mais do que o popular "fazer uma social", estabelecer bons relacionamentos profissionais é útil e estratégico para empresas de qualquer porte. O chamado *networking* permite trocar informações, abre caminho para parcerias e projetos, entre outros benefícios. O resultado vem em forma de mais vendas e faturamento maior.

Mas essa prática deve obedecer a alguns princípios para realmente proporcionar retorno. Você terá de construir sua rede de contatos sistematicamente. Demanda tempo, ir a eventos como feiras do setor, seminários e congressos, conhecer gente, trocar cartões, e-mails e perceber interesses comuns.

O contato precisa ser periódico. Contudo, exagerar na frequência com que se procura uma pessoa ou grupo pode saturar a relação e causar efeito negativo. Vale criar uma rotina para falar com os conhecidos, mas mantenha um intervalo mínimo entre uma comunicação e outra.

No entanto, só se lembrar deles quando precisa de algo é um erro. Fica mal visto quem age assim. No *networking*, ofereça antes de pedir. O ponto de partida é mostrar interesse sincero. Por isso, converse com eles também nos momentos bons. Aliás, o ideal é iniciar a relação nessa hora.

O contato precisa ser periódico. Contudo, exagerar na frequência com que se procura uma pessoa pode causar efeito negativo.

Não despreze nenhuma aproximação. Mesmo que a pessoa não tenha afinidade com seu negócio, ela pode ser a ponte para chegar a alguém que esteja no seu raio de ação e representa uma excelente-oportunidade.

A internet também é uma aliada. Redes sociais de perfil profissional são opções. Mas atenção a suas postagens nesse ambiente, pois passarão a compor sua imagem – para o bem ou para o mal –, atraindo ou afastando interessados.

O *networking* representa um grande facilitador. Com um telefonema ou e-mail, você consegue a informação ou a ajuda que busca.

Tenha sempre em mente que a rede de contatos é uma maneira de se desenvolver profissionalmente. Se você se relacionar com pessoas e empresas que tenham algo a acrescentar, você estará a caminho do próprio aprimoramento. Mesmo que a maioria de suas conversas não resulte em negócios, a troca de conhecimentos já vale a pena.

30 Deixe a rádio peão desligada

Fofoca é um mal que atinge empresas de qualquer porte. Deixa o clima tenso, cria insegurança, atrapalha o desempenho dos funcionários e pode até ter consequências mais sérias para os envolvidos e para o próprio negócio.

Como é dificílimo eliminar definitivamente a rádio peão – assim chamada a disseminação de boatos no ambiente de trabalho –, o melhor que o empreendedor tem a fazer é manter uma boa comunicação interna.

Quando a empresa não se pronuncia ou erra o momento de fazê-lo, dá espaço para rumores se propagarem. A curiosidade das pessoas, que querem estar a par do que ocorre, fala mais alto.

Para reduzir as fofocas, o gestor deve manter um diálogo (não monólogo) frequente com a equipe. Precisa dizer o que espera dos empregados, quais os rumos do negócio e ouvi-los. A linguagem tem de ser clara, objetiva, sem termos técnicos, pois só assim a mensagem será compreendida.

Os boatos podem partir de um funcionário que tem contato com a direção ou que está há muito tempo na casa e por isso goza de certa credibilidade. Ele representa um líder informal. Porém, em vez de deixá-lo à vontade para criar suas teorias ou espalhar fragmen-

Reuniões periódicas, mural com comunicados e e-mails informativos são ferramentas úteis para inteirar os empregados do que está em curso.

tos imprecisos de informações, o empreendedor pode aproveitá-lo como representante da equipe e integrá-lo a encontros em que se discutem melhorias no ambiente de trabalho. Ele passa a ser um aliado na transmissão do que é verdadeiro.

Reuniões periódicas, mural com comunicados e e-mails informativos são ferramentas úteis para inteirar os empregados do que está em curso. No entanto, nem todos os assuntos podem ser repassados indistintamente.

Quando uma mudança grande ou negociação estiver em andamento, é prudente avaliar qual o momento adequado para fazer a divulgação. Uma informação transmitida precipitadamente pode suscitar dúvidas e especulações. Dados estratégicos só devem ser tratados entre os realmente envolvidos na questão, para evitar ao máximo vazamentos.

Saber comunicar-se internamente reduz curtos-circuitos domésticos e preserva a imagem da empresa, pois o alcance da rádio peão pode se estender para além dos corredores.

31

Fique longe do fornecedor do tipo "tem, mas acabou"

Sabe aquela brincadeira do "tem, mas acabou"? Pois bem, se alguém acha graça, essa pessoa certamente não é o empresário que perde a venda porque está sem o item pedido pelo cliente. Por que isso acontece? Em alguns casos, pelo simples fato de o fornecedor ter falhado na entrega da mercadoria.

O fornecedor tem papel decisivo no desempenho do negócio. Quando ele trabalha corretamente e é confiável, representa uma preocupação a menos para o empresário. Mas a escolha desse parceiro passa, basicamente, por três critérios: preço, qualidade e prazo.

Ao pensarmos no preço, vale a máxima de que o barato pode sair caro. Querer gastar pouco não compensa correr o risco de uma contrapartida discutível. O contratato deve apresentar estrutura e competência capazes de suprir as necessidades. É uma questão de procurar quem cobre valores justos e calcular o custo-benefício.

Qualidade implica regularidade. A mercadoria tem de manter um padrão satisfatório. Ao buscar um produto novamente, o cliente demonstra sua aprovação e espera o mesmo nível da compra anterior. Em caso de piora, a marca sofrerá as consequências. E não adianta dizer que a culpa é de quem fornece.

Antes de fechar qualquer acordo, pesquise o histórico do fornecedor, peça referências e cheque com outros clientes se há registro de problemas.

Cumprir prazos é básico. Se o contratado não consegue entregar os pedidos conforme combinado, fazer negócios com ele vai se tornar uma dor de cabeça. Além disso, o fornecedor precisa de agilidade e flexibilidade para adaptar-se a eventuais mudanças do que foi acertado anteriormente. Demandas extras e de última hora podem surgir e espera-se que ele possa responder prontamente.

É sempre bom, antes de fechar qualquer acordo, pesquisar o histórico, pedir referências, indicações e checar com outros clientes se há registro de problemas.

Ter um plano B também faz parte do jogo. Depender de uma única fonte é colocar todos os ovos na mesma cesta. Se ela cair... Por isso, tenha na manga sempre uma ou duas alternativas. Em caso de emergência, há para onde correr.

O importante é comprador e fornecedor estarem comprometidos entre si. Afinal, um depende do outro e estabelecer uma relação de ganha-ganha faz bem para todos.

32

Sua empresa também tem de fazer marketing

É possível que muitas micro e pequenas empresas - MPEs vejam o marketing como algo distante ou inviável financeiramente. No entanto, deveria fazer parte do dia a dia delas já que é uma ferramenta essencial para qualquer empreendimento atingir o objetivo de conquistar e fidelizar clientes.

Resumidamente, marketing é um conjunto de ações voltadas a reconhecer e satisfazer as necessidades e os desejos do consumidor. Serve para direcionar a oferta de bens e serviços que atendam aos interesses do público-alvo e é um dos instrumentos usados para definir preço, promoções, distribuição e comunicação.

Para que a estratégia seja eficiente, é preciso conhecer o cliente. Isso é importante para tomar decisões com base em fatos e não em opiniões. Deve-se estudar o mercado, procurar antecipar-se para aproveitar oportunidades e estar atento à concorrência.

Marketing envolve oferecer algo mais, que passa por excelência em atendimento e pós-venda, entre outros pontos. Quando os recursos são reduzidos, como na maioria das MPEs, a dificuldade está em decidir quanto gastar. Mas vale fazer poupar para essa finalidade.

O passo inicial é direcionar no que pode dar maior retorno e no período certo. Não há margem para ações amplas e tolerância para

Divida espaços em fôlderes e similares com outras empresas. Internet e as redes sociais também são opções mais em conta.

dispersão. De que adianta anunciar para a cidade inteira se o consumidor está no bairro? É um gasto além do necessário. Comece por analisar quais canais alcançam seu público. Mas cuidado: investir em algo só porque é barato pode ser uma grande cilada.

Se a concorrência faz promoções - descontos, brindes ou outras ações dentro e fora do ponto de venda -, é hora de agir também. Caso a estratégia seja marketing direto, material enviado no nome do cliente é mais forte do que o genérico, por exemplo.

Troque cadastro com outros empresários para aumentar sua base de destinatários. Divida espaços em fôlderes e similares com outras empresas. Custa menos e viabiliza a iniciativa. Internet e as redes sociais também são opções mais em conta.

O roteiro é simples: relacione as ações, levante custos e centre esforços no que for adequado. Marketing não é luxo nem dispensável, mas uma forma de tornar seu negócio mais competitivo.

33
Patente: saiba proteger a sua criação

Em uma série de TV dos anos 1980, o protagonista – um agente secreto – diante de uma situação de perigo, sacava um canivete do bolso e com mais alguns objetos de que dispunha na hora criava outro com que resolvia o caso.

Na vida real ninguém sai por aí juntando papel de bala, haste de óculos e goma de mascar e inventa uma máquina de solda, evitando o vazamento de material tóxico como no seriado. Mas sempre há pessoas inspiradas que criam produtos úteis e inovadores.

Porém, como garantir os direitos sobre a criação, ou seja, como patenteá-la? Para entender o que é patente vamos à definição do Instituto Nacional da Propriedade Industrial - INPI: "Patente é um título de propriedade temporária sobre uma invenção ou modelo de utilidade, outorgado pelo Estado aos inventores ou autores ou outras pessoas físicas ou jurídicas detentoras de direitos sobre a criação". Resumindo: é a garantia da proteção de um invento. Vale por 20 anos para algo inédito e por 15 anos no caso de aperfeiçoamento de produto já existente, o chamado modelo de utilidade. Mas só o que for passível de industrialização pode ser patenteado.

Para exemplificar, vamos pensar que a caneta esferográfica acabou de ser inventada. Ela poderia ser patenteada. Suponhamos que, tempos depois, alguém faça um modelo que vem com luz, permi-

Patente é a garantia da proteção de um invento. Vale por 20 anos para algo inédito e por 15 anos no caso de aperfeiçoamento de produto já existente.

tindo escrever no escuro. É possível patentear também, pois se trata do modelo de utilidade.

Para patentear, é preciso pesquisar no INPI se há produto igual já registrado (o site é www.inpi.gov.br). Não existindo, é necessário fazer o depósito de patente, isto é, o pedido no INPI acompanhado da descrição do invento.

A petição segue trâmites internos até a conclusão do processo, que é pago e só vale para o Brasil. Há uma plataforma *on-line* no site do INPI, o e-Patentes, para facilitar o procedimento.

A patente permite ganhos de três formas: 1) ter exclusividade para produzir e comercializar a invenção; 2) receber pela cessão da patente; e 3) receber *royalties* pelo licenciamento do produto. Você terá de fiscalizar se há cópias no mercado e tomar as medidas legais cabíveis, pois o INPI apenas faz a certificação.

Se você criou algo e acha que há como lucrar com isso, pense bem se não é o caso de patentear.

34

O melhor momento para abrir uma filial

É natural que o proprietário de uma empresa pense em expandi-la, inaugurando outra unidade para, dessa forma, conquistar mais espaço no mercado, ampliar vendas e aumentar os ganhos.

Porém, a abertura de uma filial vai além da simples vontade de fazer – requer uma análise cuidadosa para saber o momento apropriado para tomar a decisão.

Para começar, o empresário tem de estar certo de que seu negócio está bem estruturado, organizado e consistente. Caso contrário, a filial será o eco de uma situação não ideal e deixará a empresa, como um todo, vulnerável.

Ao mesmo tempo, é necessário estudar se há uma real oportunidade no mercado para um novo ponto e quais as perspectivas para o setor. A ideia é ter informações para saber se será possível repetir o sucesso do primeiro estabelecimento no segundo endereço.

O planejamento exigido será o mesmo dedicado à unidade original. É preciso avaliar a concorrência no local escolhido, mão de obra disponível, riscos, tamanho do investimento, custos, metas a serem alcançadas e tempo de retorno. O aspecto financeiro tem de ser pensado em cada detalhe, mesmo porque, os recursos para bancar a novidade sairão do negócio já existente.

É necessário estudar se há uma real oportunidade no mercado para um novo ponto e quais as perspectivas reais para o setor.

Há literalmente um preço para crescer. Importante estar ciente de que nem sempre o que ocorreu com a matriz poderá ser totalmente reprisado. Provavelmente demandará ajustes no portfólio de produtos ou serviços, processos e até preços.

Outro aspecto a ser considerado é a disponibilidade do empresário para gerenciar o empreendimento. Ele vai dedicar uma grande parcela de seu tempo - no começo a maior parte - para a filial sem poder descuidar do estabelecimento original.

Por isso, terá de contar com alguém que faça seu papel enquanto está com a atenção voltada à outra unidade. Deverá delegar tarefas e responsabilidades, portanto, ter pessoas com quem contar passa a ser fundamental.

A melhor hora para a abertura de uma filial depende de fatores internos (empresa bem administrada), externos (mercado favorável) e um bom plano de negócio. A conjugação desses três elementos permite crescer de modo mais seguro.

Dinheiro/Vendas

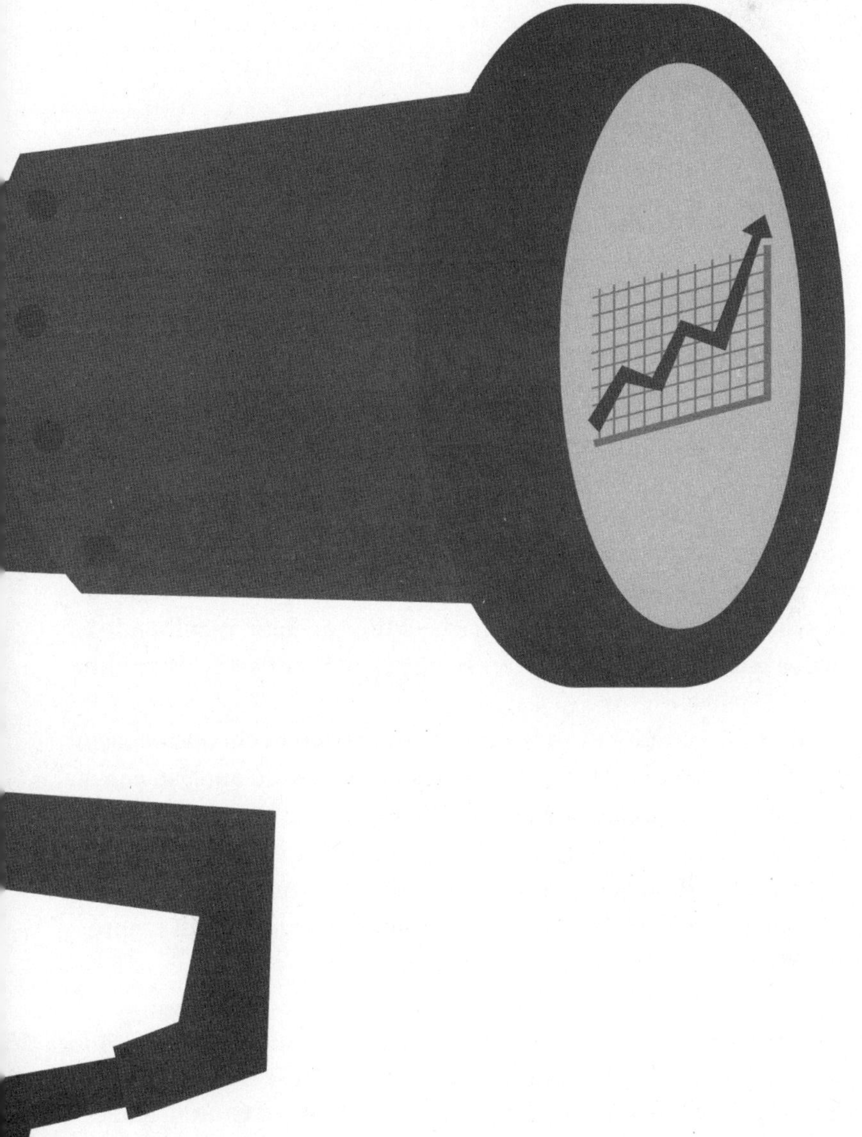

35

O risco do empréstimo malfeito

A obtenção de crédito é assunto que sempre preocupa o pequeno empresário, tirando o seu sono. Juros altos e excesso de exigências são fatores a distorcerem a busca por empréstimos. Digo distorcerem porque, na ânsia de se financiarem com rapidez e mais facilidade, as micro e pequenas empresas - MPEs acabam escolhendo as opções mais caras do mercado: cheque especial e cartão de crédito.

O dado mais recente mostra que a taxa média do cheque especial em julho de 2014 era de 9,17% ao mês e 186,67% ao ano! No cartão de crédito os juros estavam em 10,70% ao mês e 238,67% ao ano! Ou seja, taxas altíssimas. Mas por que os empresários recorrem a essas operações se, sabidamente, são caríssimas? Porque eles têm pressa para levantar capital e a burocracia para se conseguir um empréstimo nos bancos deixa muitos sem saída.

Estudo do Sebrae-SP mostra que 49% das MPEs usam cheque especial e cartão de crédito para se financiarem. Ou seja, praticamente metade das MPEs está sujeita a juros muito altos. Grande exigência de garantias e de documentação, saldo insuficiente e até o fato de a conta corrente ser nova atrapalham a concessão de crédito. O mesmo levantamento aponta que 47% gostariam de tomar um empréstimo para a empresa se fosse fácil e barato.

Exigência de garantias e de documentação, saldo insuficiente e até o fato de a conta corrente ser nova atrapalham a concessão de crédito.

Esse quadro tem de mudar. Os bancos precisam ver que as MPEs são fundamentais para a economia do País e não podem ficar à margem dessa engrenagem. Se o desenvolvimento delas for sufocado, o Brasil perde.

Ao empresário, cabe se organizar para não recorrer a empréstimos no afogadilho, pois com planejamento ele pode pesquisar linhas mais baratas. Se já entrou no especial ou no cartão, vale trocar a dívida por outra de juros menores. Porém, lembre-se que a parcela mensal representará um custo fixo e precisa caber no orçamento.

Antes de tomar o empréstimo, certifique-se de quanto pode pagar por mês e leve o valor ao gerente do banco para negociar. Se a ideia é usar crédito para investir, por exemplo, diversificando produtos, é vital saber se seu cliente pode bancar esse algo mais. Senão, a operação pode se tornar uma armadilha.

Portanto, planeje, reúna informações e negocie. Só assim você vai tomar a melhor decisão.

36
Da vitrine direto para o saldão

Um dos maiores tormentos do comerciante é ver um produto encalhar. Ele investiu naquele item, colocou na vitrine, mas não teve retorno. O que fazer?

Antes, vamos falar em como se precaver de encalhes. O varejista precisa ter um bom planejamento para evitar que a mercadoria comece a criar raiz na loja. Uma opção é comprar menores quantidades e com mais frequência para que a reposição seja feita na medida do necessário.

Um conceito é primordial para a questão: o ciclo de vida do produto. Quando esse processo é considerado, o lojista corre menos riscos, pois tem condições de programar melhor suas ações.

Todo produto passa por fases: lançamento (chegada ao mercado), crescimento (quando as vendas aumentam), maturidade (vendas estabilizadas) e declínio (queda na demanda). As etapas têm duração variável e a fronteira entre elas nem sempre é facilmente perceptível. As fases sofrem influência de mudanças tecnológicas, moda, sazonalidade e comportamento do consumidor.

Se a mercadoria dá sinais de que vai empoeirar na loja, o empresário deve partir para as promoções. É o caso de oferecer vantagens ou ampliar o prazo de pagamento para quem comprar, por exemplo.

Se a mercadoria dá sinais de que vai empoeirar na loja, o empresário deve partir para as promoções. É hora de oferecer vantagens para o cliente.

Se a promoção não resolver, é hora da liquidação ou do saldão, que basicamente são a mesma coisa, ou seja, venda com desconto. O que muda é a conveniência em se usar um ou outro termo como jogada de marketing.

Mas cuidado: a aplicação dessas ações com muita frequência tende a minar a credibilidade da loja, do produto ou da marca. O consumidor passa a desconfiar se a liquidação realmente traz benefício.

O desconto varia, mas é melhor abrir mão do lucro do que ver a mercadoria fazer aniversário. O que não é vendido representa dinheiro parado, menos capital de giro, ou seja, prejuízo.

O importante é conhecer o cliente, estar atento às tendências, novidades e mudanças na preferência do consumidor. Com respostas rápidas é possível contornar os contratempos do dia a dia.

37

Cuidado com o golpe do falso boleto

IPVA, IPTU, matrícula da escola dos filhos. Todo começo de ano é assim. Muitas faturas, carnês e boletos. Época propícia também para ataque de golpistas, que apostam na confusão que a montanha de cobranças faz na mesa do pequeno empresário e intensificam o envio das tais anuidades ou mensalidades fantasmas.

O golpe do boleto falso não é novo, mas mesmo assim ainda faz vítimas. Empreendedores individuais - EIs, micro e pequenas empresas abertas recentemente são alvo preferencial dos estelionatários. Os golpistas contam com a falta de informação ou dúvidas dos empreendedores sobre os muitos tributos, taxas ou contribuições a que estão sujeitos.

A mecânica do golpe é simples: um boleto falso é enviado via Correios ou e-mail à empresa com um nome parecido ao de uma entidade ligada ao negócio. É uma forma de induzir ao erro. Com receio de ficar com alguma pendência, o empresário paga. Quem abriu negócio há pouco tempo tem de ficar de olhos abertos.

Como em muitos casos a armadilha funciona, o crime está espalhado por todo o País. Os golpistas se valem do acesso a cadastros de empresas que são vendidos irregularmente. Quem tem dados corporativos e deveria garantir a segurança deles, evitando a divulgação sem autorização, não o faz e, com isso, alimenta as quadrilhas.

A melhor maneira de o empresário se proteger é estar atento. Ele precisa verificar quais são os pagamentos obrigatórios e previstos em lei.

Outra irregularidade encontrada se refere a um boleto enviado por uma entidade que até existe de verdade. Trata-se de um convite para, mediante um valor, filiação a uma associação. Porém, a informação de que o pagamento é facultativo não vem clara. No mínimo, é um caso de má-fé, igualmente reprovável.

A melhor maneira de o empresário se proteger é estar atento. Ele precisa verificar quais são os pagamentos obrigatórios e previstos em lei. Sempre que chegar uma cobrança, a primeira medida é certificar-se se o pagamento realmente é devido e buscar ajuda caso tenha dúvida. O contador pode auxiliar nessa tarefa. O Sebrae também pode orientá-lo.

Quem receber um boleto falso tem a possibilidade de procurar as autoridades para que os golpistas sejam punidos. Em qualquer situação, informação é vital para não ser lesado. O golpe morrerá com o combate aos responsáveis e quando não houver quem o sustente. Muita atenção!

38

Uma lei pouco amigável com as micro e pequenas empresas

A Lei de Falências foi criada há nove anos. Ainda que no início tenha sido um avanço, hoje fica evidente que precisa de ajustes. Esse conjunto de regras mostrou-se não ser tão amigável com as micro e pequenas empresas - MPEs, que mereciam tratamento diferenciado. É preciso haver uma mudança quanto antes, que até agora ainda não andou.

Não podemos negar que a lei tem aspectos positivos. Seu principal objetivo é evitar o encerramento de empresas, resguardando empregos, o recolhimento de tributos e as relações com fornecedores, ou seja, preservando sua função social.

Também acabou com a pressão que MPE devedora sofria. Antes, um credor podia pedir sua falência por pendências de qualquer valor; a lei estabeleceu o piso de 40 salários-mínimos.

A norma substituiu a concordata preventiva pela recuperação judicial (negociada em juízo) ou extrajudicial (negociada entre devedor e credores, mas homologada na Justiça). Pois bem: é aí que começa o problema.

A empresa devedora tem de apresentar um plano de recuperação a ser aprovado por todas as classes de credores: trabalhistas (funcionários), com garantias reais (bancos em sua maioria) e quiro-

A Lei de Falências foi criada há nove anos. Ainda que no início tenha sido um avanço, hoje fica evidente que precisa de ajustes.

grafários (credores comuns, como fornecedores). Em cada classe, o plano deve ter o aval dos detentores de mais de 50% do total de créditos, além de outros critérios.

Daí surge uma combinação de situações que torna dificílima a aceitação do plano. E o credor com garantias reais tem prioridade, optando, muitas vezes, pela execução da falência e o recebimento o imóvel dado em garantia.

Se a MPE for credora da empresa em crise, a situação também é ruim. Como quirografária, ela fica no fim da fila e na sua vez, é comum não haver mais bens para honrar o compromisso. Seria fundamental mudar isso para que ela recebesse quanto antes.

Outra alteração bem-vinda, esta à MPE devedora, seria incluir todos os créditos, inclusive os tributários, na recuperação, o que não ocorre hoje. Por fim, seria benéfico acabar com a divisão dos credores em grupos, condicionando a aprovação do plano à simples votação em assembleia.

O Sebrae-SP segue na luta para que a lei seja revista. Resta aos legisladores terem a sensibilidade de alterá-la com um olhar benéfico pelas MPEs.

39

Hora do check-up: cuidado com a saúde financeira da empresa

Quando a saúde não vai bem, nosso organismo emite sinais de alerta. Com as empresas é a mesma coisa. Se a saúde financeira do negócio vai mal, logo dói no bolso do empreendedor. Nessa situação, o melhor é começar o tratamento quanto antes.

Falta de organização, fluxo de caixa sempre no vermelho e não cumprimento de prazos com clientes são sintomas de dar náuseas em qualquer administrador.

Descompasso entre as necessidades pessoais do empreendedor e a capacidade de o negócio gerar recursos é outro indício. O dono precisa de mais verba do que o empreendimento pode produzir. As contas não fecham e recorre-se a um empréstimo. Depois um segundo para quitar o anterior e assim vai. O prontuário médico do negócio doente informa que a falta de recursos para honrar compromissos impede a conquista de novos mercados.

A situação fica ainda mais crítica quando os bancos passam a negar financiamentos. A empresa anêmica perdeu espaço para concorrência e, como bactérias resistentes ao antibiótico, as dívidas são tão altas que o patrimônio já não as cobre.

É preciso agir. Negociar com fornecedores, rever o mix de produtos e estoques, sincronizar prazos de pagamento e recebimento e

Sincronizar prazos de pagamento e recebimento e implantar controles que permitam analisar a situação financeira são ações de salvamento.

implantar controles que permitam analisar a situação financeira periodicamente são ações de salvamento.

Deve-se também fazer um raio X da empresa e da vida pessoal do proprietário para avaliar onde estão gastos passíveis de corte. Analisar mercado, aceitação do produto ou serviço, hábitos de consumo e adaptação do ponto comercial são fundamentais. Vale até pensar na venda do negócio total ou parcial, abrindo a possibilidade para a entrada de sócios.

No entanto, se o raio X indicar um quadro irreversível, sem crédito e mercado em queda, só resta desligar os aparelhos. É hora de encerrar a empresa, negociar com credores formas de pagamento ou repassar o controle para um deles que tenha interesse.

Importante nesse momento, em que a pessoa jurídica está comprometida, é proteger a pessoa física, tirando, dentro dos limites legais, as pendências financeiras do nome do responsável.

Mas a prevenção é sempre o melhor remédio. E se faz com a vacina chamada boa gestão.

40

Basta uma semana para cortar gastos

Reduzir gastos é quase um mantra dentro das empresas, mas na hora de eliminar os desperdícios muito gestor não sabe por onde começar. Proponho aqui um exercício prático para ajudar a tapar os buracos por onde o dinheiro escoa. Vamos pensar em providências a serem tomadas a cada dia da semana.

Na segunda-feira, revise os processos a fim de eliminar o tempo mal utilizado da equipe e a necessidade de horas extras. Uma boa programação da execução das tarefas evita que funcionários fiquem ociosos durante parte da jornada. Também diminui a correria para a entrega do serviço que, na pressa, requer extensão do expediente, além da possibilidade de falhas e retrabalho.

Reserve a terça para renegociar com fornecedores. Pesquise os preços no mercado para saber se está desembolsando a mais. Peça descontos e juros mais baixos e ofereça em contrapartida pagamento em prazos menores.

Quarta-feira é dia de se reunir com o contador e checar se a empresa está no regime fiscal mais adequado, que pode significar uma carga de impostos mais leve. Parcerias ajudam a diminuir despesas.

Na quinta, fale com outros empresários a fim de combinar compras conjuntas, conseguir preços melhores e repartir despesas de logística.

Reúna-se com o contador e verifique se a empresa está no regime fiscal mais adequado, que pode significar uma carga de impostos mais leve.

Dedique a sexta-feira para o estoque, que deve ser dimensionado conforme a demanda real. Estoque em excesso é dinheiro parado, mercadoria que se deteriora e aumenta o custo de armazenamento.

No sábado, planeje como economizar nas pequenas coisas. Prepare a estratégia de conscientização da equipe para usar o telefone de forma ponderada e veja se a operadora tem um pacote mais alinhado ao perfil da empresa. Quanto à eletricidade, adapte as instalações para aproveitar ao máximo a luz natural, opte por lâmpadas econômicas e sensores. Incentive o uso racional de água, material de escritório e limpeza.

Máquinas e equipamentos velhos podem representar lentidão, menos produtividade (e horas extras), gasto maior com manutenção e energia e perda de qualidade. Use o domingo para avaliar trocá-los por novos.

Esses são alguns exemplos. Outros pontos podem ser trabalhados e a ordem apresentada é o menos importante. O principal é ter disciplina para cortar os gastos e manter a empresa saudável.

41

As vendas caíram. E agora?

O dono da loja anda tenso. Desde que as vendas começaram a cair, suas noites são um torturante passar das horas na companhia do trio formado por preocupação, insônia e busca de uma solução para tirar seu negócio do atoleiro que parece ter se metido.

A maré ruim pode ter vários motivos - externos e internos - que precisam ser identificados. Talvez o consumidor esteja reticente em colocar a mão no bolso por conta da situação financeira menos favorável, por exemplo.

Pesquisa recente divulgada da Fundação Instituto de Administração - FIA, mostra que 46,8% dos paulistanos pretendiam comprar um bem durável no período de julho a agosto de 2014. É o menor índice entre os terceiros trimestres desde 2002 e está 6,6 pontos porcentuais abaixo do verificado no segundo trimestre deste ano. Ante igual período de 2013, o recuo é de 3,8 pontos porcentuais.

Quando o problema vem na forma de conjuntura econômica adversa, a saída é adequar o negócio ao contexto, redimensionando gastos e investimentos enquanto o quadro não mudar.

Talvez a concorrência tenha aumentado, o que pede providências. É o caso de estudar o que os rivais andam fazendo e reagir com ações de marketing mais agressivas.

Cartão de fidelidade, vantagens para clientes aniversariantes, uso das redes sociais e melhorias no site são medidas interessantes.

Promoções devem vir acompanhadas de uma boa divulgação para que o público saiba das ofertas e novidades. Cartão de fidelidade, vantagens para clientes aniversariantes, uso mais intenso das redes sociais e melhorias no site para o estabelecimento aparecer são medidas interessantes.

E se nosso empresário sofre com obstáculos dentro do próprio empreendimento? Deve então reavaliar o mix de produtos e melhorar ou substituir o que tem saída fraca.

Treinar a equipe e se aproximar dela também é importante. Os funcionários podem estar pecando no atendimento e necessitando de apoio e motivação para melhorar o desempenho. É o técnico a orientar o time antes do jogo.

A inovação é outro fator fundamental. Novos processos, tecnologias e as citadas mudanças nos produtos, quando incorporados, trazem resultados.

Se nosso preocupado e insone empreendedor quiser fazer as pazes com o caixa de seu negócio e o travesseiro terá de ser hábil na análise da situação e rápido ao agir. Só assim evitará uma crise maior.

42

Onde foi parar meu dinheiro?

O sujeito levanta cedo todos os dias, encara uma jornada exaustiva, praticamente abre mão da vida pessoal, se estressa, batalha, dá o sangue. Então tem aquela constatação desanimadora "trabalho, trabalho e não vejo a cor do dinheiro...".

Que algo está errado na rotina desse empresário não há dúvida. E a explicação para a "invisibilidade monetária" pode estar na falta de controle das finanças.

Por improvável que pareça, é comum encontrarmos donos de negócios que simplesmente não sabem direito quanto dinheiro entra ou sai do caixa. Não há um acompanhamento atento do fluxo e os números ganham um ar nebuloso, situação perigosa para a saúde do empreendimento.

Para sair dessa cilada, vamos ao básico: o empresário deve registrar toda a movimentação financeira. O valor – inclusive centavos – de cada pagamento (impostos, salários, contas como água, luz etc.) e de cada venda tem de constar nos apontamentos.

A partir daí, ele elabora um relatório ou resumo diário que permita entender o movimento do caixa. Dessa forma, é possível fazer fechamentos semanais, mensais e anuais. Tornam-se viáveis então as análises comparativas, em que podemos confrontar, por exem-

O valor de cada pagamento (impostos, salários, contas como água, luz etc.) e de cada venda tem de constar nos apontamentos.

plo, um mês com outro ou com igual período do ano anterior e visualizar como o negócio evolui.

Além do mais, a prática oferece condições de prever o comportamento do dinheiro e das finanças da empresa. Ou seja, abre-se uma janela para saber como deverão estar as vendas, compras, gastos com estrutura e despesas futuras e ainda planejar investimentos.

O empresário passa também a enxergar o dinheiro que ainda vai chegar. Sim, porque os recursos podem não estar no caixa hoje, mas entrarão amanhã, na semana que vem, no mês que vem, resultados de vendas a prazo.

A maneira prática para se fazer isso depende do momento que a empresa vive. Pode começar com anotações em um caderno (caso do Microempreendedor Individual), passando para o uso de planilhas até chegar a softwares ou sistemas integrados.

Esse exercício exige disciplina e dá trabalho, mas o resultado é a boa gestão dos recursos e o fim do "dinheiro invisível".

43

Inadimplência dos MEIs preocupa

Dos cerca de 4 milhões de Microempreendedores Individuais - MEIs do País, 49,54% estavam inadimplentes em abril de 2014, segundo as informações mais recentes do Comitê Gestor do Simples Nacional. Sinal de alerta. Qualquer categoria cuja maioria esteja irregular desperta preocupação.

Vários são os motivos para a inadimplência, mas muito é pela falta de conhecimento dos MEIs de como fazer o recolhimento mensal.As pendências levam o trabalhador a ter os benefícios previdenciários (auxílio-doença, salário-maternidade e aposentadoria) suspensos.

Para regularizar-se, deve-se quitar os atrasados. Se o MEI não tiver como liquidar de uma vez, pode emitir os boletos gradualmente e pagá-los conforme sua capacidade financeira. Porém, após o acerto, há um período de carência, definido pela Previdência Social, para a cobertura ser restabelecida.

Muitos MEIs não pagam porque aguardam a chegada do boleto em seus endereços residenciais, o que não ocorre, pois esses documentos devem ser impressos diretamente no Portal do Empreendedor (www.portaldoempreendedor.gov.br).

No entanto, é comum o profissional não estar familiarizado com tecnologia. Assim, o mais sensato seria mesmo o governo federal

Se o MEI não tiver como liquidar de uma vez, pode emitir os boletos gradualmente e pagá-los conforme sua capacidade financeira.

enviar os carnês para a casa do trabalhador. O Ministério da Micro e Pequena Empresa estuda como colocar isso em prática.

Pelo site também se faz o encerramento das atividades como MEI. A recomendação é dar baixa o mais rápido possível ou novos recolhimentos serão exigidos. Apenas deixar de pagar, como acontece com frequência, não configura a saída do sistema.

A Declaração Anual, documento em que o MEI informa quanto faturou no ano anterior, merece atenção. Quando não enviada no prazo, é cobrada multa e os boletos mensais não podem ser emitidos. Sem ter como honrar a obrigação, o empreendedor torna-se, então, inadimplente e pode até mesmo perder o CNPJ.

A criação do MEI foi uma das maiores conquistas do empreendedorismo brasileiro. Deu credibilidade ao profissional que assume outro patamar no mercado. Porém, é fundamental que os MEIs cumpram as suas obrigações e tenham garantidos os seus benefícios.

Para isso, MEIs e poder público devem se mobilizar. O trabalhador deve se informar melhor e os órgãos responsáveis devem agir para facilitar a vida dele.

44

Você conhece mesmo seu concorrente?

Assim como o técnico de um time estuda os adversários antes de cada jogo para avaliar pontos fortes e fracos e armar sua tática, no mundo dos negócios é preciso conhecer o concorrente para aproveitar as melhores oportunidades e evitar ameaças.

O dono de uma micro ou pequena empresa tem de identificar com quem compete, seja de forma direta ou indireta. A direta é a loja semelhante, que vende um mix de produtos parecido por preços similares. Ou pode ser um estabelecimento comercial diferente, como loja de departamentos ou magazine, mas que também oferece os mesmos itens por valores próximos.

Os concorrentes indiretos são os que não têm mercadorias do mesmo tipo das encontradas no seu negócio, porém são capazes de atrair seu cliente com produtos substitutos aos seus. Lojas físicas e *on-line* disputam mercado entre si, portanto, radar ligado nesse sentido também.

Posto isso, é hora de analisar detalhadamente outros aspectos. Reúna o máximo de informações possível sobre a concorrência. Visite lojas, consulte catálogos, analise a publicidade, verifique eventuais serviços que seu "rival" dispõe, analise o marketing feito. Descubra como é o atendimento, como o ponto de venda é organizado, quais são as promoções e a política de preços. Se for viável, torne-se seu

Reúna o máximo de informações possível sobre a concorrência. Visite lojas, consulte catálogos, analise a publicidade, verifique serviços do "rival".

cliente para vivenciar a experiência de compra; mas nesse momento pense com a cabeça de consumidor.

Seu cliente habitual também é uma ótima fonte de informação. Fique atento às mudanças no comportamento dele. O movimento manteve-se, aumentou, caiu? Pode haver uma nova tendência surgindo que leva à migração do público. O acompanhamento deve ser constante.

Após a coleta de dados, elabore estratégias para superar os concorrentes, aproveitando pontos que eles não exploram e desenvolvendo aqueles em que você está em desvantagem.

No entanto, evite achar que a grama do vizinho é sempre mais verde, copiando tudo o que ele faz. Tenha um diferencial, uma identidade, algo que faça o público reconhecê-lo entre tantos. Inove, pois essa é uma das melhores maneiras de aperfeiçoar seu empreendimento. O concorrente pode se transformar no maior incentivo para você aprimorar seu negócio.

45

Crédito para quem quer inovar o negócio

Quantas vezes uma boa ideia não sai do papel apenas porque faltam recursos para transformá-la em algo concreto? Com as *startups*, empresas com projetos voltados à tecnologia e inovação, não é diferente. É nesse momento que todo apoio é bem-vindo.

Há mais de um ano, as *startups* e pequenas empresas de base tecnológica têm à disposição financiamento específico no Programa São Paulo Inova, do governo do Estado. São três linhas operadas pela Desenvolve São Paulo – duas sem juros e com subsídio do Fundo Estadual de Desenvolvimento Científico e Tecnológico - Funcet.

A linha Incentivo à Tecnologia foi a primeira a entrar em operação, seguida pelas outras (Incentivo à Inovação e Funcet). Interessados podem contatar a Desenvolve SP (telefone 11 3123-0464; na internet: www.desenvolvesp.com.br). São R$ 250 milhões disponíveis, sendo R$ 100 milhões destinados ao Fundo de Investimento constituído pela parceria do Sebrae-SP com investidores. Empreendimentos dentro do Simples Nacional têm prioridade.

Mas o que faz uma empresa ser inovadora? É simples: ela deve criar produtos ou processos de produção. Negócios com projetos detalhados, situação regularizada e acompanhados por incubadora saem na frente. Portanto, se a inovação é uma constante na vida das empresas, aí está mais uma ferramenta para ser usada.

Os empreendedores esbarram em um velho problema: o excesso de garantias exigidas e a burocracia para a concessão de crédito.

Porém, os empreendedores esbarram em um velho problema: o excesso de garantias exigidas e a burocracia para a concessão de crédito. Ou seja, há dinheiro para ser emprestado, mas muitos não têm acesso e recorrem a financiamentos mais caros como cheque especial e cartão de crédito.

Resta a quem concede crédito mudar sua atuação e ver os pequenos negócios como parceiros que podem trazer resultados.

O Sebrae-SP está pronto para ajudar os empreendedores a dar esse passo, com estrutura e conhecimento para que cada novo negócio se torne um grandesucesso.

Funcionários

46

Cuidado para não espantar seu cliente no Natal

O Natal está se aproximando e lá vamos nós de novo: comércio agitado e lojistas esfregando as mãos para faturar mais. Entretanto, seu negócio está mesmo preparado para aproveitar a principal data do varejo?

Uma providência elementar é decorar a vitrine de sua loja com motivos natalinos colocando em destaque os produtos que deverão puxar as vendas de final de ano. Outra questão importante é analisar a concorrência para conhecer tendências e formar preços. Por fim, também é muito comum reforçar a equipe com temporários para dar conta do movimento extra.

Agora entramos em um terreno crucial: o atendimento. Se não for de qualidade, todo o esforço para destacar sua loja cai por terra. Receber mal um cliente é perder a venda e correr o risco de afugentá-lo para sempre. Para evitar esse desastre, oriente seus funcionários. Eles estão na linha de frente e são parte fundamental na construção da imagem da empresa.

Algumas medidas são de fácil aplicação. O consumidor quer ser atendido com presteza, mas não gosta de ser abordado como se fosse uma presa que não pode escapar de jeito nenhum. O cliente tem seu tempo e o vendedor precisa usar a sensibilidade para perceber quando deve se aproximar.

Arrogância é outro pecado. Medir o cliente de cima a baixo, como se ele não pudesse pagar pelo produto, é abominável.

Má vontade, indiferença e frieza só servem para irritar o cliente. Ele deseja atenção e simpatia, porém sem exagero – o vendedor não está conversando com um amigo íntimo. Falar demais e não ouvir o consumidor são erros muito comuns.

Arrogância é outro grande pecado. Medir o cliente de cima a baixo, com menosprezo, como se ele não pudesse pagar pelo produto, é simplesmente abominável.

Reprovável também é o vendedor abordar o cliente mascando chiclete ou cheirando a cigarro. São sinais de desleixo. Evite os extremos: ser técnico demais ou abusar de gírias.

Existem comerciantes que deixam o atendimento em segundo plano e não percebem que perdem muito com isso. Atender bem é regra básica para a sobrevivência de qualquer negócio. No Natal e durante o ano todo.

47

Traga os craques para jogar no seu time

Assim como todo técnico de futebol quer um time cheio de craques, todo empresário quer pessoas de talento trabalhando com ele. Afinal são elas que farão os gols de que a empresa necessita para obter bons resultados.

Mas como atrair e manter os talentos? Tudo começa na imagem da empresa, que deve ser positiva. Ninguém quer trabalhar em um lugar com fama de mau pagador ou que trata mal os funcionários.

Outro ponto importante é saber que não é só salário que importa. Mesmo que bem remunerado, o profissional vai abreviar sua estada caso se sinta desrespeitado.

O método mais comum usado pelas micro e pequenas empresas - MPEs para buscar pessoas é a indicação dos próprios funcionários. O indicado é entrevistado e, se agradar, é contratado.

Porém, é interessante ampliar a procura divulgando a vaga em escolas e faculdades, meios de comunicação (jornais, sites), empresas de recrutamento, mídias sociais (opção gratuita), entre outros.

Mas, antes de buscar fora, veja se não há na equipe alguém capacitado para a vaga. Serve para dar novo ânimo ao colaborador e mostrar que a empresa valoriza quem já está lá.

Antes de buscar fora, veja se não há na equipe alguém capacitado para a vaga. Serve para mostrar que a empresa valoriza quem já está lá.

Além da entrevista, complemente a seleção com uma dinâmica de grupo. É um processo mais completo para avaliar os candidatos.

Para reter os mais competentes, é preciso estimulá-los. Um bom ambiente de trabalho é fundamental. Faça com que a pessoa se sinta bem na empresa e realmente integrada à companhia.

Nesse quesito, as MPEs levam vantagem, porque há uma proximidade maior entre equipe e direção, os funcionários podem participar mais das decisões e a resolução de problemas é mais rápida. Premie quem encontrar soluções e atingir metas. Na MPE há a chance de interação entre todos e com todos os aspectos do negócio.

Oferecer treinamento, com troca de funções, e desenvolvimento é outro jeito de reter talentos. Incentive também ações inovadoras. Dê um *feedback* (retorno) ao colaborador sobre seu desempenho.

Como vimos, a MPE também tem como atrair e reter talentos. Com uma boa gestão de pessoas sua empresa será muito mais competitiva. Pense nisso.

48

Equipe de vendas motivada faz mais gols

No futebol, volta e meia vemos um time vencer outro considerado melhor. E, comumente, a explicação para feitos desse tipo está na vontade dos jogadores que, com garra e determinação, compensam a inferioridade técnica.

Transportemos essa imagem para a equipe de vendas, os "centroavantes" das empresas, aqueles que entram em campo com a missão de fazer gols, ou seja, fechar os pedidos. Nessa hora, a motivação faz diferença no desempenho do profissional e, consequentemente, no resultado alcançado.

A ferramenta mais usada para estimular a equipe de vendas é a comissão, verba variável paga conforme os negócios concretizados.

Mas, além da remuneração individual, o empresário pode direcionar um valor para ser distribuído por igual para o grupo inteiro, assim todos ganham com as vendas de todos. Esse sistema serve para ressaltar o espírito de equipe e estimula os melhores a ajudarem aqueles com produtividade menor.

Outra maneira de incentivar os vendedores é determinar metas para cada um e mostrar à equipe quem está na frente. Cria-se assim uma competição positiva entre eles. No entanto, as metas devem ser sempre possíveis senão viram um desestímulo.

Uma alternativa para as micro e pequenas empresas, cujo caixa não permite grandes desembolsos, é dar um dia de folga.

Estabelecer faixas de premiação também dá muito certo. A cada objetivo atingido, a porcentagem da comissão aumenta ou os funcionários são presenteados com viagens e aparelhos eletrônicos, por exemplo.

Uma alternativa para as micro e pequenas empresas - MPEs, cujo caixa não permite grandes desembolsos, é dar um dia de folga.

As recompensas devem ser distribuídas mensalmente, pois perderão força se demorarem muito para chegar.

Motivar os vendedores inclui ainda envolvê-los com a empresa. A liderança deve se aproximar dos liderados, orientando, dando apoio, incentivando o desenvolvimento pessoal e deixando claro aonde se quer chegar. Elogie as conquistas. O reconhecimento é um grande incentivo para qualquer profissional.

Não se esqueça: a equipe precisa de condições e recursos adequados para trabalhar ou não terá vontade de se empenhar.

Por fim, é importante que o empresário tenha controle das atividades de cada funcionário. Só assim ele terá como saber quem merece ser premiado.

49

Saber ouvir o funcionário dá retorno

Há empresários convictos na maneira de conduzir os negócios. Por um lado é bom, pois é preciso ter firmeza para iniciar e manter um empreendimento. Por outro, essa postura pode virar uma armadilha.

De tão centrados em suas ideias, acabam se isolando e não enxergam quem está em volta. Pecam no ofício de saber ouvir. E uma das principais fontes de informação para o dono de uma empresa é a própria equipe. Daí a importância de manter-se receptivo para o que o funcionário tem a dizer.

Nem sempre o empregado vai trazer uma sugestão que realmente contribua para aperfeiçoar um produto, serviço ou processo. Tampouco o proprietário do negócio vai estar sempre certo e ter a solução na palma da mão. É natural que seja assim.

Mas a comunicação entre eles abre a porta para avanços. Quando os funcionários têm a oportunidade de participar e se expressar, eles se sentem mais integrados à empresa e motivados.

Para promover o engajamento e a troca de ideias, o empreendedor precisa sair da sua "torre de marfim". Saber se a equipe está satisfeita, quais suas necessidades e o que pode ser melhorado é o caminho certo para construir uma relação realmente colaborativa, que vai além de cada um cumprir estritamente sua função.

Muitos varejistas têm uma caixa para sugestões dos clientes. Por que não uma para os empregados? Crie um e-mail para eles se manifestarem.

Um passeio do dono por todas as áreas da empresa durante o expediente e uma conversa individual com as pessoas no local onde cada um cumpre sua jornada pode ser bem proveitoso.

Os funcionários conhecem bem os detalhes de suas funções e certamente têm alguma observação a fazer sobre seu campo de atuação. Ouvir o funcionário é uma demonstração de interesse por parte do patrão e ainda permite tomar pé de situações que não chegam a ele se fechado em sua sala.

Muitos varejistas têm uma caixa para sugestões dos clientes. Por que não uma para os empregados? Ou um e-mail para eles se manifestarem? Que tal designar alguém para centralizar as comunicações sobre o que ocorreu no dia e depois repassar ao dono?

Mas um detalhe é fundamental: todas as sugestões merecem resposta, senão, com o tempo o "cliente interno" perderá o estímulo para falar.

Uma maior interação entre empresário e funcionários, com troca de informações, pode resultar em mais produtividade e ganhos, combinação sempre bem-vinda.

50

Prepare-se para contratar seu futuro funcionário

Chega o momento em que você precisa contratar um funcionário para sua empresa. Então vem aquela dúvida: como acertar na escolha? Errar nessa hora representa o desgaste de ter alguém na equipe que não corresponde, ser obrigado a dispensar essa pessoa e perder tempo e dinheiro.

A correta seleção começa na definição detalhada do perfil do profissional que a empresa busca e das atividades que ele vai exercer, caso contrário a probabilidade de equivocar-se é grande. Esteja seguro do que procura.

Em uma micro ou pequena empresa, que não conta com o setor de recursos humanos próprio ou terceirizado, muitas vezes cabe ao dono cuidar de todo o processo. Ou seja, é você, amigo empreendedor, quem vai avaliar os postulantes ao cargo e decidir sozinho.

A entrevista é a etapa mais importante. É quando o empregador tem a oportunidade de conhecer melhor o candidato. Por isso, prepare-se para essa missão.

Tenha uma lista de perguntas para obter as informações, tanto pessoais quanto profissionais, que não aparecem no currículo. Um bom início é pedir para o entrevistado falar do seu último emprego e das realizações mais importantes. Pergunte quais são seus pontos

Tenha uma lista de perguntas para obter as informações, tanto pessoais quanto profissionais, que não aparecem no currículo.

fortes e também os fracos. Peça que conte como resolveu um problema que enfrentou anteriormente.

Evite questões em que a reposta se restrinja a "sim" ou "não". Coloque situações que o obriguem a descrever como agiria. Isso permite detectar se ele tem poder de decisão, se sabe trabalhar em grupo, como lida com contrariedades, se é flexível, por exemplo.

Indagá-lo sobre aspectos pessoais como *hobbies* e lazer serve para descobrir se o sujeito acompanha o que acontece à sua volta, se está aberto a novidades, se procura se informar ou se está realmente desligado do mundo.

Procure saber o porquê do interesse dele em trabalhar em uma microempresa e quais as diferenças que vê em ser funcionário de um pequeno negócio ou de uma grande corporação. É um modo de checar qual a real motivação para se candidatar à vaga.

Com um time bem montado você passa a ter confiança no que cada empregado faz, reduz o índice de erros e pode manter o foco em estratégias para melhorar o empreendimento.

51
Contratação de temporários dentro da lei

O final do ano é a grande época para o comércio em geral: mais pedidos nas fábricas, lojas cheias, muitas vendas... só boas notícias. Então surge a necessidade de reforçar a equipe para dar conta do aumento da demanda.

Se não houver o cuidado necessário, a contratação de funcionários temporários – que deveria ser uma solução – torna-se um problema. O empresário tem de se informar sobre como proceder para não infringir a legislação.

Porém, muitas micro e pequenas empresas pecam na admissão de temporários. Fazem o acordo diretamente com o profissional, prática que dá margem a reclamações trabalhistas e autuação por parte das autoridades.

A contratação de pessoal por tempo determinado deve ser realizada com a intermediação de uma agência especializada. Assim, há três partes envolvidas: a empresa interessada na mão de obra, a agência de trabalho temporário e o empregado recrutado por ela.

O vínculo entre contratante e agência é limitado a 90 dias, podendo ser renovado por mais três meses para um mesmo funcionário. Para que tudo corra bem, verifique se a contratada está regularizada no Ministério do Trabalho (www.mte.gov.br).

O vínculo entre contratante e agência é limitado a 90 dias, podendo ser renovado por mais três meses para um mesmo funcionário.

A agência ficará responsável pela seleção do funcionário, registro dele no regime da Consolidação das Leis do Trabalho - CLT, pagamento de salário e benefícios como vale-transporte e alimentação e recolhimento do Fundo de Garantia do Tempo de Serviço - FGTS e da contribuição ao Instituto Nacional do Seguro Social - INSS.

O cumprimento das obrigações deverá ser comprovado por documentação pertinente. Se desrespeitadas as normas trabalhistas, o empresário contratante também será responsabilizado. A agência deve ainda emitir nota fiscal de prestação de serviços.

Para a contratante, esse modelo elimina gastos com recrutamento e seleção e pagamento da multa do FGTS na dispensa sem justa causa. Também permite substituir mais facilmente o empregado caso não agrade, sem cumprimento de aviso prévio.

Lembre-se de que o trabalhador temporário precisa ser treinado. Oriente-o sobre suas tarefas já no primeiro dia e permita a ele acompanhar os efetivos até se ambientar.

A contração de temporários deve crescer 1,4% em 2014 ante 2013. Avalie se é o seu caso, pois perder vendas por falta de braços está fora de cogitação.

52 Representante comercial e a expansão do negócio

Outro dia, um conhecido meu, recém-iniciado no mundo do empreendedorismo com uma confecção, me perguntou sobre como contratar representantes comerciais. Dúvida pertinente, afinal ele pretende expandir seus negócios e este profissional facilitaria o acesso a outras praças.

O representante comercial é quem possibilita a aproximação da empresa e seus produtos dos potenciais clientes, fazendo toda a intermediação para o negócio se concretizar.

Um aspecto importante diz respeito à legislação. O representante deve estar registrado no Conselho de Representantes Comercial - Core de onde mora, no caso de pessoa física, ou do local onde está sediado, se pessoa jurídica. Ele atua como prestador de serviço.

Significa que tem independência para trabalhar, dispensado das exigências feitas a funcionários. Recorrer a pessoa jurídica aparece como alternativa mais adequada por evitar eventuais problemas de caráter trabalhista.

A contratação deve ser feita por escrito, definindo as partes e suas obrigações, mercadorias, local de atuação, valor da comissão, prazo e forma de pagamento. Além disso, o documento tem de informar se há exclusividade do representante ou não (prefira quem não

O empresário deve passar informações para seu representante, assim como é útil ouvi-lo, pois a visão dele do mercado difere da de quem está longe.

trabalhe para concorrente), duração do acordo, prazo para recusa de pedidos, punições por descumprimento do que foi firmado, entre outros pontos.

A seleção do representante deve ser realizada com critério. Na análise do histórico profissional, faz-se mais interessante quem tem mais intimidade com o produto do que alguém que não domina o segmento do negócio. Também é bom que ele tenha uma carteira de clientes comprovada.

Traçar um planejamento com metas, respectivo acompanhamento e controle de clientes visitados é fundamental. O empresário também deve passar o máximo de informações para seu representante, assim como é útil ouvi-lo, pois a visão dele do mercado local difere da de quem está longe.

O principal é estabelecer uma parceria saudável em que ambos consigam obter os resultados esperados. O bom relacionamento é essencial já que o representante acaba por compor a imagem da empresa. Pense nisso.

53
A terceirização em prol da produtividade

A terceirização de mão de obra é um daqueles assuntos que, por envolverem legislação, costumam suscitar dúvidas entre os donos de micro e pequenas empresas. É comum empreendedores procurarem o Sebrae-SP com perguntas sobre o tema.

Por possibilitar a redução de custos com encargos trabalhistas, mostra-se uma opção interessante. Porém, não é válida em qualquer caso e é preciso atenção para não infringir as regras.

Pela lei, só é possível recorrer a terceirizados para a atividade-meio (de suporte) e não para a atividade-fim, isto é, aquela para a qual o negócio foi criado. Um salão de beleza, por exemplo, não pode terceirizar os cabeleireiros.

Além disso, a relação com o terceirizado é diferente da com o funcionário. O prestador de serviço tem independência total para executar suas tarefas – não está sujeito ao cumprimento de horários nem frequência e não pode receber ordens diretas do contratante.

O Código Civil rege o relacionamento entre empresa tomadora e empresa fornecedora de mão de obra. Mas, caso se constate vínculo empregatício, fica configurada fraude e a situação passa para a esfera trabalhista, submetida, então, à Consolidação das Leis do Trabalho - CLT.

A terceirização traz a vantagem de simplificar a estrutura administrativa, permitindo ao dono e sua equipe centrarem esforços na atividade principal.

A terceirização traz a vantagem de simplificar a estrutura administrativa, permitindo ao dono do negócio e sua equipe centrarem esforços apenas na atividade principal. Assim, abre-se espaço para aumentar produtividade e ganhar competitividade.

No entanto, é primordial certificar-se de que o prestador de serviço tem capacidade para fornecer o que foi estabelecido. Não se deixe levar pelo preço e sempre busque empresas ou profissionais idôneos. Lembre-se: o contrato deve ser feito por escrito e a contratada tem de comprovar que está em situação regular.

Tramita no Congresso projeto de lei que sugere mudanças nas normas. Não vamos discutir neste momento seu mérito. O fato é que, enquanto não há uma conclusão sobre a proposta, deve-se seguir a regra vigente. Informe-se, avalie as alternativas e adote o procedimento caso considere vantajoso.

Clientes

54

Quando o governo é o cliente

Ampliar ganhos com a participação num mercado que movimenta bilhões de reais anualmente é motivo mais do que suficiente para uma micro e pequena empresa - MPE querer se tornar fornecedora do governo. Mas amarrar as duas pontas – pequenos negócios e poder público – requer esforços de ambos os lados, o que nem sempre ocorre e como consequência todos perdem.

Para atender esse cliente, a empresa deve estar bem estruturada ou as oportunidades simplesmente viram miragem. Já o governo (leia-se Estados e municípios) precisa se conscientizar de que essa relação é grande promotora de desenvolvimento regional.

A Lei Geral da Micro e Pequena Empresa deu aos pequenos negócios condições especiais na contratação com o poder público. Se em uma licitação houver empate ou diferença de até 10% no preço entre as propostas de uma grande empresa e de uma MPE, esta última tem preferência.

A legislação também define que compras de até R$ 80 mil devem ser feitas só de MPEs. Para valores superiores, 30% do contrato tem de ser repassado a elas.

Para assinar com a MPE, o governo exige que ela esteja legalmente constituída (formalizada) e respeite normas trabalhistas, de saú-

Amarrar as duas pontas – pequenos negócios e poder público – requer esforços de ambos os lados, o que nem sempre ocorre e todos perdem.

de, de segurança no trabalho e tenha as certificações exigidas pela Anvisa, ABNT etc., conforme a atividade. Além disso, o empresário deve cumprir estritamente o edital, pois qualquer desvio leva à suspensão do pagamento e a regularização pode demorar.

Não há como "dar um jeitinho" e sem capital de giro, a empresa estará em maus lençóis. Como se vê, relacionar-se com o governo serve para profissionalizar a MPE, além de valorizá-la no mercado.

No entanto, por mais que a MPE se prepare para fornecer para o poder público, de nada adianta se a cidade onde ela está instalada não tem a Lei Geral em vigor.

Dos mais de cinco mil municípios brasileiros, 4 mil aprovaram a legislação e apenas 1.400 implantaram-na, cerca de 22% dos municípios do País. Se governos do Estado e prefeituras aderissem, a receitas das MPEs com vendas públicas chegaria a R$ 100 bilhões ao ano e 800 mil empregos seriam criados.

A Lei Geral existe para abrir caminho que só será percorrido se cada um fizer sua parte. Cabe aos governos não deixarem a legislação se tornar letra morta impedindo o progresso de um setor tão importante.

55 Quando o cliente tem (mais) razão

O cliente está nervoso, frustrado e exige uma solução porque o produto ou serviço que adquiriu apresentou problema ou o atendimento recebido deixou a desejar. Como nenhuma empresa é infalível, deslizes vão acontecer. Não cabe discutir casos em que é preciso recorrer ao Código de Defesa do Consumidor para saber quem tem razão.

Consideremos a hipótese de que houve mesmo a falha, situação que pede uma mobilização para se resolver a pendência logo, evitando desdobramentos. A maneira de lidar com o erro é determinante para o relacionamento com o público.

As primeiras providências são pedir desculpas e mostrar interesse sincero em sanar a questão. Quem atender o cliente deve estar ciente de que personifica a companhia.

A imagem da empresa estará embutida em tudo o que ele falar e fizer. Essa pessoa deve manter a calma diante da queixa e assumir uma postura profissional e isenta. Responder de modo emocional ou entrar numa queda de braço com o autor da reclamação só piora.

Deixar o consumidor desabafar faz parte do processo. É preciso escutá-lo sem interrupção nem pressa, mesmo que ele use tom agressivo. Um equívoco é tentar dar justificativas "criativas" para

Deixar o consumidor desabafar faz parte do processo. É preciso escutá-lo sem interrupção nem pressa, mesmo que ele use tom agressivo.

a falha. O reclamante vai se sentir "enrolado". Também não adianta dizer que o culpado pelo problema é outro empregado. Para o queixoso, a responsabilidade é da empresa toda; afinal ele não é cliente do funcionário.

O consumidor vai ficar mais irritado ainda se for "empurrado" de um setor para outro. Fica a impressão de que ninguém quer ou sabe resolver. Por isso, o responsável por atender o caso deve passar segurança e competência.

Quanto antes se chegar a uma solução, melhor. A empresa deve jogar aberto, explicar o que é possível fazer, cumprir o prazo combinado e jamais se comprometer com algo que não poderá entregar.

Se for para refazer o serviço, trocar ou consertar o produto ou mesmo devolver o dinheiro, que seja rápido. O esforço deve ser direcionado para se chegar a um termo razoável para ambas as partes.

Um bom atendimento nessa hora é capaz até de melhorar a reputação perante o cliente. E o que era para ser uma crise pode ser revertido e ajudar a construir uma relação de confiança e credibilidade.

56

Aparência não é tudo, mas loja arrumada vende mais

Aparência não é tudo, diz a sabedoria popular. Mas que ajuda a faturar mais, isso ajuda. Estudo do Sebrae-SP mostra que a loja organizada e com visual bem cuidado aumenta as vendas entre 12% e 40%.

Para quem pensa que dar uma repaginada no estabelecimento requer grandes gastos, aí vai a boa notícia: com menos de R$ 1 mil é possível fazer mudanças – em alguns casos, nem há custo, basta rearrumar o local.

A necessidade do que deve ser alterado ou reformado varia conforme o grau de organização da loja. A fachada é o primeiro contato do consumidor com o estabelecimento. É ela que envia a mensagem inicial para o público, convidando-o a se aproximar (ou não).

Por isso, deve ser pintada periodicamente e a escolha de cores, luminosos e letreiros precisa ser feita com critério, sem excessos. Também deve informar claramente a natureza e estilo do negócio.

Assim como a fachada, a vitrine é outro elemento de enorme importância na comunicação com o cliente. Precisa ser renovada constantemente e nada de colocar nela tudo o que a loja vende, poluindo o espaço. A proposta é mostrar o que o estabelecimento tem de melhor, pois terá poucos segundos para cativar a atenção de quem passa.

Loja em que o cliente não vê direito o que é vendido faz gol contra. Os móveis não podem ocupar mais do que 40% do espaço nem representar obstáculos.

Se fachada e vitrine são o cartão de visita, o interior também merece todo o cuidado. A boa iluminação torna o ambiente aconchegante sem abafá-lo nem distorcer cores, valorizando o local e os produtos expostos. Estes precisam estar organizados de modo que permitam ao cliente saber de toda a variedade oferecida e encontrá-los pelo tipo, marca, tamanho, sabor etc.

Loja em que o cliente não consegue ver direito o que é vendido faz gol contra. Os móveis não podem ocupar mais do que 40% do espaço e tampouco representar obstáculos para que as mercadorias sejam observadas e para a circulação no local.

Não há dúvida de que um ponto de venda bem montado agrada mais. O varejista que pensa que basta ter preço e produto e não cuida da aparência de seu negócio perde a oportunidade de chamar a atenção do público e, consequentemente, deixa de ganhar dinheiro.

57

Pessoas com deficiência não podem ser esquecidas

A parcela da população brasileira com alguma deficiência intelectual, motora, visual ou auditiva passou de 14% em 2000 para 24% em 2010, totalizando 45,6 milhões de pessoas, segundo o Instituto Brasileiro de Geografia e Estatística - IBGE.

Há quem diga que tamanho aumento é fruto de alteração na metodologia da pesquisa. Outros veem uma mudança comportamental do entrevistado que, ao sentir-se mais respeitado em seus direitos, resolveu admitir sua condição.

O fato é que as pessoas com deficiência são um grande mercado consumidor. Porém, boa parte dos estabelecimentos comerciais do País não está preparada para receber tal público. Mas promover a inclusão desse grupo não se limita ao interesse mercadológico – é uma obrigação social e demonstração de respeito pelo próximo.

Quanto aos negócios, o dono da empresa deve definir uma política de atendimento. O ponto de partida é o bom senso. A pessoa com deficiência não quer superproteção ao entrar numa loja ou solicitar um serviço. Não superestime nem subestime suas dificuldades e possibilidades. Ofereça ajuda e aguarde o consentimento antes de agir.

No caso de cadeirante, a locomoção pede cuidados. Daí a importância de rampas, piso sem irregularidades e espaço suficiente

O ponto de partida é o bom senso. A pessoa com deficiência não quer superproteção ao entrar numa loja ou solicitar um serviço.

para o deslocamento. Lembre-se: cadeira de rodas, muleta e bengala são praticamente extensões do corpo e não devem ser manuseadas sem autorização.

Se o cliente tem problema auditivo, fale naturalmente e com calma. Certifique-se de que ele vê seus lábios e, se precisar, comunique-se com bilhetes ou gestos.

No caso de pessoa com deficiência visual, o primeiro contato pode ser um toque no braço. Em seguida identifique-se e ofereça auxílio. Jamais se afaste sem avisar e, se for levá-la junto, dê seu braço ou ombro para segurar, sem nunca puxá-la.

As adaptações do estabelecimento incluem portas mais largas nos banheiros, torneiras e secadores automáticos. Ajuste também a comunicação: placas indicativas, cardápio em braile e site que permite atendimento de internautas com baixa visão e ferramenta de voz para aqueles sem nenhuma visão são bem-vindos.

Adequações assim só trazem benefícios. Mostram tino comercial, responsabilidade social e valorizam a imagem da empresa.

58

Primeiro encontro de negócios com um cliente

Aparência, postura, informação e preparação. Basicamente, é nesses quatro pontos que o empresário deve se apoiar ao se reunir com um cliente em potencial.

Como o primeiro encontro pode ser decisivo para o futuro das negociações, é fundamental causar uma boa impressão.

Comece pelo cuidado com o visual. Se a conversa ocorrer na sua empresa, o ambiente deve estar organizado e limpo ou o impacto será desfavorável.

Com relação à aparência pessoal, seja discreto e procure adaptar-se ao estilo do cliente (formal ou informal). Fique longe de exageros ou roupas que deem aspecto desleixado. O figurino não pode roubar as atenções.

Quanto à postura, parta do seguinte princípio: antes de tudo, ouça o cliente, demonstre interesse e entenda bem quais são as necessidades dele. Permita que ele diga que ajuda espera da sua empresa. Nas conversas, fuja de polêmicas, fofocas e críticas a terceiros.

Passar segurança é importante ou dificilmente se conquista confiança. Nesse aspecto, olho no olho, tom de voz firme (mas simpático), clareza e fluidez na apresentação dos argumentos fazem diferença.

Ouça o cliente, demonstre interesse e entenda quais são as suas necessidades. Permita que ele diga que ajuda espera da sua empresa.

Chegue para o encontro o mais bem informado possível sobre o assunto e o cliente para tornar a reunião produtiva.

Assim, ninguém perde tempo falando de coisas que poderiam ter sido pesquisadas previamente e poupa de desvios do tema principal. Certifique-se se o interlocutor prefere uma explanação detalhada ou com viés mais prático.

Também verifique até aonde vai a autonomia da pessoa com quem negociará. De nada adianta discutir temas sobre os quais ela não tem poder de decisão.

Por fim, esteja preparado para "vender seu peixe". Isso significa uma apresentação completa e direta de produtos ou serviços de interesse do cliente, sem torná-la extensa demais, cansativa e sem foco.

A ideia é ser eficiente para mostrar capacidade de trazer soluções. É o que esperam da sua empresa. E lembre-se: o concorrido mundo dos negócios nem sempre dá uma segunda chance.

59

Comércio: para enfrentar os grandes, bom atendimento

A vida do micro e pequeno varejista não é fácil. Como se não bastasse enfrentar concorrentes de mesmo porte, ele também tem de competir com empresas maiores. É a luta de Davi contra Golias transportada para o mundo do comércio.

Batalha inglória? Nem tanto. Assim como Davi, se souber dar o golpe certo, há como sair-se bem.

Tentar ganhar no preço é difícil. As grandes redes sempre terão mais poder de negociação com fornecedores pelo fato de comprarem em quantidades superiores. Melhor do que pensar em aparecer por cobrar menos – e trabalhar perigosamente no limite – é oferecer algo que se destaque do que o grande tem nas prateleiras. É fazer com que o cliente diga "esse produto de que gosto só encontro na loja perto de casa".

Mas a principal estratégia dos pequenos deve ser a de manter o foco no bom atendimento. Seja no varejo de material de construção de bairro ou na pet shop, o relacionamento com o público faz a diferença. Quanto maior a proximidade com o consumidor, melhor, pois este aprecia ser valorizado. Saber suas preferências, antecipar-se e oferecer aquilo que ele busca tornam a experiência de compra muito mais proveitosa. Nesse sentido, um cadastro bem feito da clientela ajuda muito.

O funcionário deve ser simpático, ter boa apresentação, conhecer os produtos do portfólio e tornar-se uma espécie de consultor do consumidor.

Vale avisar por e-mail, mensagem de celular ou telefone que o produto que costuma procurar chegou ou que há alguma promoção. Entrar em contato para saber se o item adquirido agradou, por exemplo, é uma boa tática (desde que não se exagere nas comunicações).

O pós-venda é tão importante quanto a venda em si – é o que ajuda o estabelecimento a ficar marcado de forma positiva, incentivando, assim, o retorno.

Para um atendimento personalizado e de qualidade, a equipe precisa estar bem treinada. O funcionário deve ser educado, simpático, ter boa apresentação pessoal, conhecer a fundo os produtos do portfólio e tornar-se uma espécie de consultor do consumidor.

Se o cliente puder comprar o que deseja na esquina de onde mora ou trabalha, sem filas, em um ambiente organizado, agradável e receptivo, certamente essa será sua escolha. Quando corretamente preparado, o pequeno varejo tem plenas condições de sobreviver aos embates com os Golias da vida.

60

As férias chegaram e o cliente sumiu

Para alguns negócios é a melhor época do ano em razão do forte aumento das vendas; para outros, tempo de vacas magras por causa da queda na demanda. Se você se enquadra no segundo grupo, saiba que o período de férias não tem de ser um pesadelo. Basta aprender a lidar com a sazonalidade preparando-se corretamente.

O dono de um empreendimento que sofre com as férias, como comércio localizado perto de escola ou faculdade, deve estar ciente de que o período de alta tem de garantir o de baixa. Então o plano financeiro precisa prever uma reserva para cobrir as despesas durante os meses mais fracos. É vital ter um controle rigoroso dos gastos para ajustar as contas.

A partir daí, corte o possível – sem nunca prejudicar a qualidade – e adeque compras e estoques para a época menos movimentada, caso contrário há grande risco de parte da mercadoria ficar parada.

Outra medida útil é rever o portfólio de produtos ou serviços. Diversificar o que é oferecido pode ser uma saída. Para tornar a ação mais eficiente, ouça os clientes e procure descobrir o que eles querem. Converse também com os funcionários; eles são uma fonte de informação importante sobre o negócio. Quanto mais você souber sobre o público (inclusive potenciais clientes), mais fácil será suprir necessidades e desejos dos consumidores.

Invista na divulgação, no marketing e nas promoções. O momento é propício para pensar em novos atrativos para chamar compradores.

Observe o que os concorrentes estão fazendo e está dando certo. Será que há alguma ideia que possa ser adaptada à sua empresa? Não fique isolado do que se passa no mercado.

Invista na divulgação do seu negócio, no marketing e nas promoções. O momento é propício para pensar em novos atrativos para chamar compradores.

E no melhor estilo "fazer do limão uma limonada", aproveite a fase de baixo movimento para realizar reformas, manutenção e mudanças pretendidas no estabelecimento. Tentar arrumar a casa quando o ponto comercial está cheio é pedir para o cliente ir embora.

Mais uma vez, planejamento é a palavra-chave. Programe-se para os meses menos agitados, pois só assim você terá condições de driblar as adversidades.

Oportunidades

61
A empresa dentro do próprio carro

No mundo dos negócios muitos empreendedores preparam-se para faturar com grandes acontecimentos, como foi a Copa do Mundo. Para uma categoria em especial, o aumento significativo de trabalho é certo com o evento. Estou falando dos taxistas.

Conhecer bem a cidade é básico. Mas, para se diferenciar, é preciso oferecer mais. Em ocasiões que atraem muita gente de fora, os taxistas assumem papel mais importante ainda. São verdadeiros guias turísticos, dão dicas de gastronomia, comportamento, segurança, entre tantas mais. Em uma corrida, eles praticamente apresentam a cidade.

Esses profissionais não apenas dirigem um carro, mas uma empresa e devem administrar seu trabalho com essa mentalidade. É preciso ter planejamento, controlar atentamente receitas e despesas e aprimorar o atendimento. Em São Paulo, por exemplo, que tem público consumidor enorme, uma agenda repleta de eventos e concorrência acirrada, capacitar-se para oferecer um serviço de qualidade traz resultados independentemente da Copa.

O motorista que quiser se aperfeiçoar tem à disposição dois programas gratuitos do Sebrae: o Taxista Nota 10 e o Taxista Empreendedor. No primeiro, o profissional aprende inglês, espanhol e gestão de negócios. Tudo adaptado ao universo do taxista. O parti-

Dirigir um táxi requer mais que perícia no volante. É preciso qualificação, visão empreendedora. Destaca-se quem se prepara.

cipante recebe um kit com caderno e livro de exercícios e CD com diálogos. Está disponível nas 12 capitais onde haverá jogos da Copa. Inscrições pelo telefone 0800 728-2891.

O curso Taxista Empreendedor também conta com kit com DVD, CD e manual impresso. São abordados assuntos como o táxi como negócio, atender bem, como fidelizar o cliente, como fazer a diferença, relações humanas, gestão, entre outros. O curso dura dois meses. O conteúdo também está disponível no site www.taxistaempreendedor.com.br.

Dirigir um táxi requer muito mais que perícia no volante. É preciso qualificação e visão empreendedora. Quem quiser se destacar deve se preparar à altura. E o Sebrae é parceiro desse profissional que tem a oportunidade de transformar a sua atividade numa "empresa sobre rodas".

62

Franquias: negócio próprio que vem com patrão

Ter uma franquia é uma possibilidade frequentemente cogitada por quem planeja abrir um negócio próprio. Porém, não é opção para todos. A personalidade do candidato a franqueado é determinante para saber se ele se encaixa nesse tipo de empreendimento.

Não se trata de ele ter seu perfil aprovado ou não pelo franqueador, mas de um estágio anterior, quando o próprio interessado pondera se tem ou não afinidade com o modelo.

Também não vamos discutir aqui questões relativas aos recursos que o franqueado precisa ter. Muito ou pouco, é certo que é necessário investir.

A franquia tem como vantagem ser um negócio que já chega pronto, testado no mercado e com marca reconhecida pelo público. O franqueador faz todos os estudos necessários para montar o plano de negócios e repassa para o franqueado as informações de que precisa para saber exatamente o que virá pela frente, além de dar suporte na gestão.

O franqueado conta com mais facilidade de acesso a crédito e, por conta da escala, economiza nos custos de propaganda e compras. Todas essas vantagens reduzem muito o risco de dar errado. No entanto, como nada é perfeito, a franquia tem seus contras.

A franquia tem como vantagem ser um negócio que já chega pronto, testado no mercado e com marca reconhecida pelo público.

O franqueado tem a liberdade de ação, poder de decisão e criatividade limitados. Há um controle permanente das operações pelo franqueador, o que inclui determinar o preço de venda e restringir o leque de produtos e serviços oferecidos. O franqueado pode sugerir o ponto comercial, mas é da matriz a prerrogativa de não aceitar e indicar outro local.

Resumindo, é preciso se adaptar ao perfil do dono da marca e, em caso de insatisfação, o franqueado deve cumprir o prazo estipulado em contrato para se desligar ou negociar a saída antecipada, o que implica custos.

Diante desse quadro, aquele empreendedor que sonha em ter autonomia total com seu negócio se sentirá desconfortável. A ideia de abrir uma empresa e fazer as coisas do seu jeito cai por terra.

O franqueado tem de dar satisfação a alguém que toma decisões por ele. Há perfis que simplesmente não cabem nesse molde. Portanto, saber se você está disposto a seguir o patrão é primordial.

63
A arte de vender para elas

Datas como Dia Internacional da Mulher, Dia das Mães, Dia dos Namorados e Natal têm forte apelo comercial. Sua proximidade é acompanhada de inúmeras propagandas do comércio direcionadas principalmente ao público feminino.

Porém, quantos dos que voltam seus esforços de marketing para elas fazem um discurso vazio ou realmente têm algo diferenciado a oferecer-lhes? Será que o varejista sabe vender para esse público?

Homens e mulheres reagem de forma diferente a estímulos de consumo, portanto os desiguais devem ser tratados de forma desigual.

As mulheres são mais detalhistas que os homens, gostam mais de comprar, ato que para elas é uma experiência mais rica e demorada do que para eles. Envolva-a em uma boa conversa, em um ambiente bonito e agradável e a possibilidade de sucesso aumenta.

Elas prezam muito o atendimento e falhas são capazes de minar o relacionamento com a loja. Levantamento da empresa de pesquisa Sophia Mind aponta que 41% das mulheres vão embora do ponto de venda e não retornam por conta de mau atendimento.

E mais: 23% não compram e ainda falam mal do estabelecimento nessa situação. Portanto, o vendedor ou vendedora tem de fazer o

Cerca de 41% das mulheres vão embora do ponto de venda e não retornam por conta de mau atendimento. E mais: 23% não compram e falam mal.

papel de consultor pessoal, mostrar sensibilidade no trato e paciência para agradá-la, nem que seja para mostrar todo o estoque da loja para a cliente.

As mulheres precisam ser atraídas pela vitrine (vale para comércio virtual também), que deve apresentar combinações de roupas e acessórios e variadas opções. O visual é fundamental para conquistá-las. O aspecto sensorial faz diferença, pois a consumidora quer se envolvida naquele ambiente.

Engana-se o varejista com a ideia ultrapassada de que o público feminino só compra itens de valor baixo. Elas são relevantes consumidoras de produtos de luxo, carros, imóveis e artigos eletrônicos.

O comerciante que quiser aproveitar as datas femininas para impulsionar seu faturamento precisa estar atento a esses aspectos. Tratar o sexo feminino de forma especial é o que faz a diferença entre o mero discurso e a real oferta de um diferencial.

64
Hora de lucrar com a Páscoa

Mais uma data de forte apelo comercial: a Páscoa. Se a concorrência saiu na frente, fique atento ao que os outros estão fazendo e procure ter um diferencial. A micro e pequena empresa - MPE tem a vantagem de ser flexível, o que permite mudanças de rumo com certa rapidez.

Pense no que levará o cliente a optar por você e não pelo vizinho. O carro-chefe da Páscoa é o ovo de chocolate, mas não se limite a ele. Ofereça alternativas como cestas ou kits alusivos ao tema, incluindo itens não alimentícios (como flores e perfumes). Dê ao consumidor uma opção que vai além do básico.

Quem faz ovos de Páscoa tem a possibilidade de experimentar variações do doce. É a hora de mostrar algo exclusivo, personalizado, com uma embalagem especial e chamativa. A criatividade é importante nessa hora.

Quanto à gestão, tome cuidado com o estoque. Calcule bem para não faltar. Dizer ao consumidor que o que ele procura acabou é frustrante. Sobrar mercadoria é pior ainda: passada a data, o que não teve saída vira encalhe.

Como nessas ocasiões o movimento aumenta, reorganize o espaço físico da sua loja para comportar o público e, principalmente,

Calcule bem para não faltar. Dizer ao consumidor que o que ele procura acabou é frustrante. Sobrar mercadoria é pior ainda.

atenção com o atendimento, ponto crucial para a imagem do negócio. Ele deve primar pela qualidade sempre, porém, quando há mais gente na loja, a possibilidade de ocorrerem situações de estresse aumenta. Oriente a equipe e certifique-se de que todos estão a par das novidades.

O estabelecimento que não trabalha com ovos de Páscoa não deve ignorar a data. O primeiro passo é fazer uma decoração com motivos ligados ao tema. Presentear o cliente com brindes como um chocolate ou bombom é um agrado que marca e fará com que ele certamente volte.

Por fim, fica a recomendação: nas próximas datas – Dia das Mães, dos Namorados etc. – trace um plano de ação e coloque-o em prática com, no mínimo, 60 dias de antecedência. Lembre-se que vender, muitas vezes, é como um jogo de sedução e a conquista só ocorre se você tiver a atitude certa no momento certo.

65

Você aproveita bem o Dia das Mães?

A segunda data mais importante para o comércio – atrás apenas do Natal – é o Dia das Mães. O comércio pela internet deve movimentar este ano mais de R$ 1,6 bilhão, 60% acima do registrado em 2013, segundo a consultoria e-bit.

Os shoppings preveem aumento de 5% nas vendas em 2014 relação ao mesmo período do ano passado, de acordo com a Associação Brasileira de Lojistas de Shoppings - Alshop.

Você já preparou a sua loja (o site também) para aproveitar a data? Como em qualquer ocasião de apelo comercial forte, essa ação vai além de colocar uma faixa alusiva ao dia na fachada ou decorar a vitrine com motivos afins.

Falando em vitrine, saiba que ela tem aproximadamente 30 segundos para chamar a atenção do público. Seja ousado, mas sem excessos ao montá-la. Exageros viram poluição visual. Explore a iluminação na área frontal da loja, com cores e letreiros. Valorize bastante este espaço.

As pessoas querem um lugar confortável para comprar. Se o consumidor escolheu entrar no seu estabelecimento, não o espante. Elimine barreiras físicas que atrapalham a circulação (inclusive dos cadeirantes) ou a visualização dos produtos. Mantenha a tem-

Monte kits promocionais, dê brindes, ofereça descontos para compras acima de certo valor e não deixe o consumidor tomar chá de cadeira na fila.

peratura agradável entre 22 e 26 graus e providencie aromatização agradável. Cuidado também com o som ambiente, ele nunca deve ser um incômodo.

Considere estender o horário de funcionamento. Para decidir, observe o comportamento dos clientes e veja se há necessidade.

Monte kits promocionais, dê brindes, ofereça descontos para compras acima de determinado valor e não deixe o consumidor tomar chá de cadeira na fila do caixa ou do pacote. A demora para pagar e pegar o que comprou certamente irrita qualquer um. Isso faz parte do atendimento.

Oriente seus funcionários para seguirem um procedimento padronizado, mas não robotizado. A equipe deve ser atenciosa, simpática e tem de demonstrar interesse real em auxiliar quem chega. Ufa!

O consumidor pode entrar na sua loja pela primeira vez em uma data comemorativa, mas a experiência de compra é que o fará retornar. É a hora de conquistá-lo. Medidas adotadas para um dia especial podem ser incorporadas definitivamente, melhorando o negócio. Se para o último Dia das Mães você não planejou nada, comece já a pensar nas próximas ocasiões.

66

Para fazer bonito no setor de beleza

Enquanto a economia brasileira patina (em 2013 o PIB cresceu 2,3% e a previsão de 2014 é um avanço de 0,9% após revisão da projeção para baixo), o setor de beleza e estética se mantém aquecido.

De acordo com dados da RAIS/TEM, elaborados pelo Sebrae-SP, o segmento do comércio varejista de cosméticos, produtos de perfumaria e de higiene pessoal cresceu 25,1% o número de estabelecimentos na capital paulista entre os anos de 2007 e 2012, apresentando uma taxa de crescimento médio anual na ordem de 4,6%.

Segundo o Sebrae-SP, a partir de dados da Receita Federal, existem mais pequenos negócios de salões de beleza (25,2 mil) do que de bares e lanchonetes na capital paulista (4,2 mil). A Associação Brasileira de Indústrias de Higiene Pessoal, Perfumaria e Cosméticos - Abihpec projeta um crescimento do setor de 11,8% no ano 2014 ante 2013, R$ 42,6 bilhões e R$ 38,1 bilhões, respectivamente.

Ótimo negócio? Sim, desde que bem administrado. Como em qualquer ramo, a boa gestão separa o sucesso do fracasso. Mas prosperar implica cavar espaço em uma área muito concorrida.

Princípios básicos não podem ser esquecidos: bom atendimento, equipe competente, preço adequado, higiene... enfim, serviço de qualidade. Mas é preciso algo mais, que chame o cliente para seu

> ***Oferecer horários diferenciados de atendimento e descontos em determinados períodos e para os assíduos também atrai público.***

negócio. No setor de beleza, estar permanentemente atualizado com a moda e as tendências é vital, assim como apresentar novos produtos, técnicas focar em nichos de mercado. O mantra da inovação deve ser repetido aqui.

Nesse tipo de negócio, o ambiente tem grande influência na formação da opinião da clientela. Lugar que vende beleza tem de ser bonito. Limpeza, cadeiras confortáveis, iluminação agradável, espelhos grandes, estacionamento, manobrista, café, chá e água, por exemplo, têm de estar no pacote.

O tempo das pessoas é sempre curto. A cliente não vai ao salão para ler revista nem ver TV enquanto espera. Pontualidade e rapidez sempre são importantes.

Oferecer horários diferenciados de atendimento e descontos em determinados períodos e para os assíduos também atrai público. E com esse objetivo, funciona bem a divulgação em revistas, jornais de bairro, folhetos, redes sociais e mala direta.

A oportunidade existe. Mas por mais tentadora que seja, só conseguirá aproveitá-la e ser competitivo quem trabalhar duro e com o direcionamento correto.

67

O que as franquias procuram nos franqueados

Os atrativos de uma franquia são bem conhecidos: produto ou serviço testado e aprovado, suporte do franqueador, menos riscos, entre outras várias vantagens. No entanto, não basta o empreendedor bater à porta do dono da marca e mostrar que tem dinheiro para investir para sair de lá com um negócio pronto.

O bom franqueador não vai deixar qualquer um que aparecer usar seu nome. Ele tem uma imagem a zelar no mercado - aliás, fuja de quem simplesmente quer vender franquias; provavelmente só está interessado em quantidade e não tem compromisso com o seu sucesso. Os melhores clubes costumam ser rigorosos na seleção de seus associados.

Segundo os últimos dados da Associação Brasileira de Franchising - ABF, em 2013 existiam 2.700 redes de franquias no Brasil, número quatro vezes maior do que o registrado em 2002, quando eram 650. Em 2013, o setor faturou R$ 115 bilhões no País, 11,9% mais do que em 2012. Para 2014, a ABF prevê crescimento na mesma proporção.

Com resultados tão atraentes, empreendedorismo cada vez mais disseminado entre os brasileiros e o aumento da renda da população nos últimos anos, a procura por esse tipo de negócio se intensificou e as franquias puderam ser mais criteriosas na escolha de quem vai empunhar suas marcas.

Os franqueadores buscam pessoas com capacidade de liderança, perfil de gestor e em linha com o tipo de negócio em questão.

Os franqueadores buscam pessoas com capacidade de liderança, perfil de gestor e em linha com o tipo de negócio em questão, afinidade com a cultura da empresa e seus valores.

O histórico do interessado passou a ter peso maior. Ajuda ter um bom retrospecto como administrador, seja na condição de empresário ou mesmo como executivo. Espera-se, portanto, certa maturidade profissional.

Os franqueadores também querem pessoas que tenham ambição, que almejem crescer junto com a marca, isto é, após dar o primeiro passo ao abrir uma unidade, nada de se acomodar, mas sim buscar algo mais.

Além disso, extremos são um problema. Quem deseja ter uma franquia não pode esperar risco zero, mas também não cabe mostrar independência além do que esse modelo de negócio oferece. Existem regras ditadas pelo franqueador e faz parte do jogo segui-las. O meio-termo sempre funciona.

68

Para acertar na receita do seu restaurante

Quem entra em um restaurante quer ambiente agradável, bom atendimento e principalmente comida saborosa. Para chegar nisso, existe uma engrenagem que – sem intenção de fazer trocadilho – tem de estar bem "azeitada" para conquistar o cliente.

O ramo possui ainda regras próprias, mas nem sempre seguidas, a influenciar no resultado.

Falo das medidas para garantir a segurança e qualidade dos alimentos e que atendem às exigências de higiene e limpeza da Agência Nacional de Vigilância Sanitária - Anvisa. O objetivo é evitar a ocorrência de doenças causadas por alimentos contaminados.

Ao adotar as chamadas boas práticas dos serviços de alimentação, o estabelecimento não só cumpre normas, mas ganha valor, aumentando a possibilidade de ampliar sua fatia no bolo desse mercado. E que bolo.

O brasileiro gasta 30% da sua renda com alimentação fora do lar, segundo o IBGE. De acordo com a Associação Brasileira das Indústrias da Alimentação - Abia, o setor tem crescido a uma média anual de 12,3%. O segmento de bares e restaurantes representa 2,7% do PIB e faturou no último ano R$ 484 bilhões, informa a Associação Brasileira de Bares e Restaurantes - Abrasel.

Ao adotar as chamadas boas práticas dos serviços de alimentação, o estabelecimento não só cumpre normas, mas ganha valor.

No dia a dia de restaurantes e afins podemos dizer que limpeza e higiene caminham juntas com organização. Cada coisa tem seu lugar. Os alimentos, estrelas do espetáculo, têm de manter distância das más companhias. Ficam longe do material de limpeza e da área de circulação de lixo.

O ambiente precisa ser bem iluminado, ventilado e conservado. Piso frio, antiderrapante e sem desenhos é a melhor opção e, como parede e teto, não pode ter rachaduras, infiltrações e mofo. Pias e área de lavagem de panelas, louças e talheres devem ficar distantes de onde se prepara a comida.

O pessoal da cozinha deve usar uniforme adequado, touca, estar com as mãos limpas e sem anéis, brincos, pulseira, relógio ou esmalte nas unhas. Funcionário com tosse ou espirrando fica em casa.

Esses são apenas alguns dos muitos cuidados. Se você é dono de um restaurante ou similar, procure informar-se para não fugir dos padrões, arriscar a reputação do negócio e ser punido pela fiscalização. Trabalhar de forma correta é sempre a melhor receita.

69

Sua loja está preparada para o fim de ano?

Sua loja está pronta para aproveitar a melhor época do ano para o comércio? Se titubeou para dizer sim, apresse-se.

Pesquisa divulgada pelo Serviço de Proteção ao Crédito - SPC e pela Confederação Nacional de Dirigentes Lojistas - CNDL mostra que a quantidade de presentes comprados deve aumentar de 4,1 para 4,4 por consumidor – alta de 7,31%. A intenção de gasto médio por compra cresceu de R$ 86,59 em 2012 para R$ 111,39 em 2013, ou 28,64% mais. Portanto, mãos à obra para poder receber bem a clientela no fim deste ano,

Loja de rua, em shopping e e-commerce requerem cuidados com o visual. O estabelecimento precisa ter uma vitrine atrativa e, nesta época, decorada com motivos natalinos, porém sem mesmice. Por que não Papai Noel, enfeites mais coloridos e outros elementos que saiam do lugar-comum?

Posicione os produtos na altura dos olhos (1,60 metro é a média do brasileiro) para facilitar. Cuide da iluminação. Luz inadequada desvaloriza o produto e transforma a vitrine da loja de rua em espelho com o reflexo do sol.

No comércio *on-line*, site vistoso e com clima festivo atrai mais. Publique várias fotos de cada mercadoria, tenha o recurso de *zoom*

Avalie o histórico de vendas da loja nesta época. Veja o que teve boa saída e o que não realmente agradou. Mude o mix de produtos para diferenciar.

(lupa) para que o público possa ver todos os detalhes. Permita com que a compra seja concluída com poucos cliques.

Outra medida bastante útil é avaliar o histórico de vendas da loja nesta época. Veja o que teve boa saída e o que não realmente agradou. Mude o mix de produtos para diferenciar.

Treine os funcionários efetivos e temporários pois bom atendimento é fundamental. No varejo virtual, é preciso ter alguém para se comunicar com o cliente por e-mail, chat ou telefone.

Estudos mostram que grande parte das pessoas é destra e a maioria delas entra na loja pela direita e sai pela esquerda. Por isso, exponha os produtos no sentido anti-horário. Ofereça itens que se relacionam como calça, camisa e sapato ou vinho, queijo e azeite. É uma tática para o consumidor se interessar pelo conjunto.

Degustações, loja aromatizada e ar-condicionado em temperatura agradável são bem-vindos.

Todas essas ações deixam marcas positivas nos clientes. Seja criativo e prepare-se se quiser faturar mais.

70
Um ano novo realmente próspero

Ano novo, vida nova. Certamente deve haver muito empresário prometendo dar uma guinada em seus negócios no próximo ano.

Porém, se a intenção não for levada a sério, vai ser mais uma daquelas decisões tomadas na noite de 31 de dezembro e esquecidas em 1º de janeiro.

A preparação para o novo período passa por um diagnóstico criterioso do empreendimento. O proprietário tem de checar detalhadamente todos os aspectos como finanças, parte administrativa e estrutura. Feito isso, ele tem condições de saber em que pé está o negócio e aonde é possível chegar.

No momento seguinte, o empresário define quanto quer crescer e analisa o que precisa para atingir suas metas. Nesse contexto, recalcula os recursos e determina as ações a serem tomadas.

Pode ser que o espaço físico da empresa necessite ser redimensionado e máquinas e equipamentos, trocados.

A remodelação talvez passe pela equipe. Será que o pessoal atual é suficiente numérica e qualitativamente? Há funcionários com as habilidades apropriadas dentro do quadro? Como está a relação da empresa com eles?

Correções de rumo são essenciais para a saúde do negócio e nunca devem ser negligenciadas. O principal é fazer e não ficar só no discurso.

A organização do negócio também deve ser avaliada. Uma mudança nos processos pode significar melhorias na rotina e ganho de produtividade, por exemplo.

A autocrítica é importante. Sem apegos, faça um raio X de como estão os produtos vendidos ou os serviços prestados. Cheque se houve melhora de qualidade, se foram feitos aperfeiçoamentos e novas opções foram introduzidas no portfólio.

Descarte o que não agrada mais. Também é importante estudar o mercado, suas transformações e detectar eventual perda de clientes causada por fatores externos.

O marketing também entra na programação. É hora de pensar em estratégias para fortalecer a marca, que mensagem transmitir, público-alvo, quais canais usar, quanto gastar e como medir o retorno.

Correções de rumo são essenciais para a saúde do negócio e nunca devem ser negligenciadas. Se a ideia é usar a virada de ano como marco para uma nova fase, que a reorganização seja feita com critério para trazer resultados. Mas o principal é fazer e não ficar só no discurso.

71

Feira de negócios: um festival de oportunidades

A vida de um empresário é uma permanente busca por oportunidades. Ele está sempre atrás de mais clientes, novos mercados, inovação, fornecedores, estratégias que reduzam custos e aumentem a produtividade etc.

As feiras de negócios funcionam como grandes facilitadoras nesse sentido. Para o dono de uma micro ou pequena empresa, é uma ótima ocasião para se atualizar, divulgar seu empreendimento, ver como anda a concorrência, marcar presença no mercado, fazer contatos, entre outras inúmeras opções.

A Feira do Empreendedor do Sebrae-SP, que ocorreu de 22 a 25 de fevereiro de 2014 no Expo Center Norte, na cidade de São Paulo, foi o exemplo perfeito desse leque de possibilidades.

Bienal, a edição de 2012 reuniu um público de cerca de 55 mil pessoas. Em 2014, a expectativa foi superada com a presença de 82 mil visitantes. O maior evento do empreendedorismo paulista apresentou um cardápio riquíssimo para quem já está na ativa ou pretende ingressar no empreendedorismo.

A equipe do Sebrae-SP esteve a postos para prestar um atendimento de alto nível. Foi a chance de conversar individualmente com um consultor do Sebrae-SP, tirar dúvidas e encontrar as soluções

As feiras são excelentes para divulgar seu empreendimento, ver como anda a concorrência, marcar presença no mercado e fazer contatos.

para as mais variadas necessidades. Durante quatro dias, foram realizadas palestras com especialistas em diversos assuntos. Ou seja, informação e conhecimento totalmente acessível.

Se a ideia foi enveredar pelo comércio *on-line*, a Feira teve um espaço dedicado ao assunto. Aqueles que pretendiam fazer negócio com grandes empresas encontraram um estande montado para mostrar aos pequenos como estabelecer esse relacionamento.

Agronegócios, *startups* (empresas em estágio inicial e grande potencial), orientação sobre como obter crédito de forma adequada, serviço de formalização do Microempreendedor Individual - MEI e uma lavanderia conceito foram as outras atrações. E para quem é do comércio, a Loja Modelo Itinerante esteve presente apresentando as melhores técnicas para se montar um varejo de roupas.

Com tantas opções, sobraram motivos para ir à próxima Feira do Empreendedor do Sebrae-SP em 2016. Fica aqui meu convite para você visitá-la. Tenho certeza de que sairá de lá com uma bagagem valiosa para fortalecer seu negócio.

Cases

72
Iniciativa, persistência e inovação

Ela teve uma infância triste, foi vítima de agressões e acabou vivendo longe da família, num orfanato. A disciplina das freiras responsáveis pelo local ajudou a moldar a empresária que viria a ser. Por uma questão de privacidade, vou chamá-la de Ana. É a história dela que quero compartilhar, pois exemplifica algumas das características que todo empreendedor deve ter.

As dificuldades enfrentadas desde cedo fizeram surgir na ainda adolescente Ana a determinação de batalhar por um futuro melhor. Foi assim que essa mineira deixou sua terra natal para trabalhar como babá, empregada doméstica e secretária executiva em Volta Redonda, no Rio de Janeiro.

No entanto, uma desilusão amorosa motivou nova mudança de cidade. Escolheu Goiânia para recomeçar a vida. Aos 28 anos, aceitou a sugestão de uma amiga e entrou em um curso para ser cabeleireira, descobrindo sua verdadeira vocação.

Já certa do que queria fazer, rumou para Guarulhos. Na cidade paulista, passou a atender clientes em domicílio. Não demorou para abrir seu primeiro salão em um dos cômodos da casa onde morava.

Após muito insistir, convenceu o proprietário a reformar o imóvel. Com mais espaço disponível, montou uma sala de estética, passou

Ana mostrou iniciativa ao montar o próprio empreendimento e ir atrás de soluções sem esperar que alguém resolvesse por ela.

a ter manicure e área para lavatórios. Sua amiga e braço direito, Joana (nome também fictício), ficou responsável pelos quitutes oferecidos às clientes que aguardam atendimento.

Aqui temos o exemplo de três "mandamentos" do bom empreendedor: iniciativa, persistência e inovação. Ana mostrou iniciativa ao montar o próprio empreendimento e ir atrás de soluções sem esperar que alguém resolvesse por ela. Foi persistente até conseguir que o locador fizesse as melhorias que tanto queria no imóvel. Inovou ao agregar novos produtos aos já disponíveis no salão.

Mais tarde, Ana deu outra prova de persistência ao enfrentar um câncer e ainda assim manter seu negócio. E o espírito inovador dela não se acomoda: a ideia agora é oferecer serviços específicos para noivas.

A postura de Ana foi determinante para enfrentar o desafio de empreender, superar obstáculos e reinventar seu negócio.

73

Empreender é um desafio permanente

O engenheiro agrônomo Luís faz uma descrição apropriada para sua atividade como empreendedor. No e-mail que enviou, explica que tem de cuidar de tudo. "Sou um time inteiro; o goleiro e a defesa protegendo das ameaças, o meio-campista traçando a jogada para o atacante fazer o gol."

Luís é dono de uma empresa de alimentos em conserva, criada após algumas decepções profissionais. Atua sozinho e está na luta para consolidar sua marca no mercado. Mesmo com as dificuldades, ressalta que tem sido uma experiência muito boa. "É pura liberdade e garra de vencer", afirma.

Luís conta que seu sonho sempre foi trabalhar com vinhos e "criar novos sabores e aromas". Com esse objetivo, foi para a Califórnia, principal região produtora dos Estados Unidos, fazer estágio em uma vinícola.

Na volta ao Brasil, encontrou as portas do setor fechadas para ele. Passou então por experiências de trabalho que tampouco supriram seus anseios. Foi quando surgiu a ideia de criar sua marca de produtos.

Ao estagiar nos EUA, ele literalmente tomou o rumo certo. Partiu em busca de capacitação, base para o empreender de qualidade. Estar preparado é a chave para gerir uma empresa com segurança

Luís não esmoreceu e manteve-se firme no propósito de montar um negócio próprio. Esse é o espírito do empreendedor. Acreditar, se preparar.

e encurtar o caminho para o sucesso. É a diferença entre o dono do negócio que age na base da euforia, do achismo e o que age conscientemente.

Por isso, o Sebrae-SP enfatiza tanto a importância da educação nesse sentido, oferece orientação de todo tipo e criou a Escola de Negócios, especializada no ensino formal do empreendedorismo.

Apesar das desilusões, Luís não esmoreceu e manteve-se firme no propósito de montar um negócio próprio, ainda que fora do ramo originalmente desejado. Esse é o espírito do empreendedor. Acreditar, se preparar, visualizar uma oportunidade, planejar e realizar.

E não se intimidar com o fato de ter de trabalhar duro, muitas vezes sozinho, para cavar seu espaço. Afinal, empreender é um desafio permanente.

74

De pai pra filho e cada vez melhor

No meio rural, com frequência as pequenas propriedades passam de pai para filho e este, uma vez no comando, segue repetindo o modelo usado até então. O risco dessa prática é cair na estagnação e ser colocado para trás pela concorrência.

Com Heraldo não foi diferente. Aos 45 anos de idade e cerca de 30 de experiência no campo, ele herdou o sítio da família, no interior de São Paulo, e passou a cuidar da produção de café.

Àquela altura, Heraldo estava ciente de que precisava ampliar seus conhecimentos, pois queria dar novo fôlego ao seu negócio. Ele admite que, apesar de ter crescido vendo o pai na lavoura, ainda não tinha bagagem suficiente para colocar seu empreendimento em patamar mais elevado. Segundo ele, tudo era feito de forma bastante primária.

Heraldo procurou orientação do Sebrae-SP para dar a guinada que pretendia. Foram feitas mudanças na parte administrativa, na produção e na estratégia de vendas. Adquiriu maquinário novo e todo o processo – da colheita ao ensacamento – pôde ser realizado no próprio sítio.

Dois anos depois, a situação já estava bem diferente. De acordo com Heraldo, o principal ganho foi poder produzir cafés especiais

A lição que fica do relato de Heraldo é que a acomodação, seja no campo ou em qualquer outro negócio, é uma praga a ser combatida.

e exportar. Hoje, além de vender no mercado interno por meio de parcerias com associações regionais, seu café chega à Europa.

Heraldo conta que antes não havia a preocupação de separar os grãos e todos, com e sem defeito, iam para a mesma saca. Foi a partir da seleção dos melhores que sua produção teve condições de ultrapassar as fronteiras.

A lição que fica do relato de Heraldo é que a acomodação, seja no campo ou em qualquer outro negócio, é uma praga a ser combatida. Se ele tivesse se limitado a apenas replicar o modelo antigo, nunca teria ido adiante. O produtor rural buscou conhecimento, incorporou novidades e viu seu mercado crescer. Teve consciência e humildade de que precisava de ajuda e foi buscá-la.

Qualificação, boas práticas de gestão e inovação devem sempre estar presentes em todo empreendimento. É assim que se mantém a competitividade.

Este livro foi impresso na Assahí Gráfica.
O tipo usado no texto foi Kepler Std Regular.
O papel do miolo é Norbrite Plus 66 g/m²
e o da capa, Papel Cartão 250 g/m².
Impresso em março de 2015.